Feng Shui

Die englische Originalausgabe *Feng Shui*
erschien 1873 bei Trubner & Co., London
Weitere Editionen:
1973 bei Cokaygne, Cambridge
1979 bei Pentacle Books, Bristol

Übersetzung: Peter Hübner

Gesetzt in Garamond
Druck: Kösel GmbH & Co.KG, Kempten

Felicitas Hübner Verlag
Siebenberg-Verlag
Warolder Str. 1, D-34513 Waldeck
Tel. 05695-1028 Fax 05695-1027
E-Mail: fh@huebner-books.de
www.huebner-books.de

ISBN 3-927359-10-6

E. J. Eitel

Feng Shui

oder

Die Rudimente der Naturwissenschaft in China

Felicitas Hübner Verlag

Das Titelbild zeigt einen chinesischen Friedhof, auf dem die Ruhestätten der Toten im Einklang mit der lebenden Natur gestaltet wurden.

Inhalt

Wir danken Herrn Walter Exner für seine Unterstützung
bei der bildlichen Ausstattung des Buches.
Die von ihm zur Verfügung gestellten
Illustrationen sind Gravüren aus dem
vierbändigen Werk »CHINA, its Scenery,
Architecture, Social Habits &c.«, das ca. 1843
im Verlagshaus Peter Jackson in London erschien.

Die Photographien stammen von Ernst Boerschmann,
aufgenommen während einer Reise durch China von 1906-1909,
aus seinem Werk »Baukunst und Landschaft in China«,
Wasmuth, Berlin 1926.

Azurblauer Drache, Zellenemail.
China, 18. Jh., Höhe 24,7 cm. Sammlung Exner.

Die Schreibweise chinesischer Namen und Begriffe wurde so übernommen, wie E. J. Eitel sie in seinem erstmals 1873 in London erschienenen Buch verwendete.

Einleitung

Chinesische Regierungsbeamte lehnen den Bau einer von den Europäern gewünschten Bahn ab. Das Anliegen wird aus europäischer Sicht als logische Selbstverständlichkeit betrachtet, da die Bahn den Erztransport beschleunigen würde. Am meisten irritiert jedoch die Begründung der Chinesen: Feng Shui. Eine Bahn mit dem vorgesehenen Verlauf durch die Landschaft verstoße gegen Feng Shui und sei daher unmöglich. Für den Missionar E. J. Eitel ist dies ein weiterer ärgerlicher Beweis für die Rückständigkeit chinesischen Denkens. Er ist überzeugt, dass die Chinesen starrköpfig gegen den Fortschritt sind, und es reizt ihn, dass sie ihren mangelnden Weitblick immer wieder mit Feng Shui begründen.

Warum vertiefte sich Eitel, ein devoter Christ und dedizierter Missionar, in seinem 1873 erschienenen Buch in das Studium eines Glaubens, der seiner Seele fremd war? Wie viele Herzen schlugen in der Brust dieses Renaissancemenschen, der deutlich ein Kind seiner Zeit und ein Exponent seiner Kultur war?

Eitel hinterließ dieses einzigartige Dokument, das weitaus mehr über ihn und seine geistige Heimat aussagt, als ihm lieb gewesen sein konnte. Er hatte einen Sinn für Fairness und setzte sein geschultes, diszipliniertes Denken ein, um etwas ihm Fremdes und, wie er selbst zugibt, Lästiges, getreu den Gesetzen der Analyse zu entschlüsseln und unter der Lupe seiner Weltanschauung zu zerlegen, auf eine Art, wie Gentlemen Konfrontationen zu bewältigen pflegen.

Irgendwann beschließt Eitel, die Lanze des Sankt Georg zu ergreifen und auf den Drachen, genauer gesagt, den Azurblauen Drachen, loszureiten. Die Spuren der Kreuzritter, in denen Eitel schreitet, führen ihn nicht gegen die Sarazenen, sondern in die abergläubischen Herzen der Chinesen. Warum musste sich dieser Missionar, stellvertretend für seine gesamte Kultur, mit Feng Shui auseinandersetzen? Sicher nicht zuletzt, weil es von der christlichen Gemeinde und seinem Volk unausgesprochen erwartet wurde, dass derjenige aus den Reihen vortritt, der sich stark genug dünkt, dieser heidnischen Herausforderung entgegen zu treten.

Eitel sondierte das gegnerische Feld und erkannte seine Qualifikation zum Kampf. Er studierte Feng Shui weder aus wissenschaftlicher Neugier noch verfasste er diesen Text, um seinem lesenden Publikum eine aufregende asiatische Neuentdeckung zu unterbreiten. Vielmehr reagierte er auf diese ihn umschleichende, im Kern seiner Berufung entmachtende Kraft, die seine missionarischen Bemühungen immer wieder ins Leere laufen ließ. Nach langem Zögern schlug Eitel zu. Er recherchierte das gegnerische Wissen und legte es mit gebildeter europäischer Analyse dar, nicht anders als es ein gewiefter Rechtskundler vor Londons Old Bailey getan hätte, bis sein Gerechtigkeitsempfinden befriedigt war, um dann dem Lindwurm Feng Shui dank unumstößlich wissenschaftlicher Methodik das Haupt abzuschlagen.

Der Europäer Eitel zweifelte nicht daran, dass sein gewissenhaftes Studium den beabsichtigten Zweck erfüllen und keine Frage unbeantwortet lassen würde. Dabei war es für ihn unwichtig, nicht der chinesischen Kultur anzugehören. Er mag sein Außenseitertum sogar als außerordentlichen Vorteil empfunden haben, denn es bewahrte ihn ja vor der Gefahr, Feng Shui subjektiv zu betrachten, so wie die Chinesen davon gefangen genommen zu werden. Ein Weißer, der sich die Darstellung andersfarbiger Haut durch analytisches Studium vornimmt, wird vor ähnlichen Problemen stehen wie Eitel bei seiner Auseinandersetzung mit Feng Shui. Man weiß, warum die Haut farbig ist, aber nicht, was sie bewirkt, wenn man sie selbst trägt. Ein Betroffener wird auf derartige Fragen zumeist mit Achselzucken antworten und sagen: »Es ist so.« Ähnlich äußerten sich Chinesen auf die Frage von Europäern, was Feng Shui sei, mit den Worten: »Wind und Wasser. Der Wind, den du nicht greifen kannst; das Wasser, das du nicht fassen kannst.« Hätte Eitel erkannt, was damit gesagt wurde – er hätte vielleicht nicht weitergeschrieben.

Feng Shui muss etwas Ominöses, Bedrohendes und letztlich Unbesiegbares für den Missionar dargestellt haben – man spürt Eitels Verzweiflung darüber, dass die Menschen Chinas diesem Glauben anhängen. Aber war Feng Shui nicht doch mehr für ihn? Es ist kaum möglich, eine solche Vermutung ganz abzulegen, wenn man die Textteile liest, in denen Eitel behutsam – sogar liebevoll – mit dem Volk umgeht, zu dem und dessen Verehrung der natürlichen Harmonien er eine wirkliche Beziehung zu haben schien; jene Verbundenheit mit der gesamten Schöpfung, die Eitel in ihrem Bann hielt, sodass er streckenweise wirkt, als wollte er seine Leser endlich davon überzeugen, Feng Shui zu akzeptieren und diesen Glauben anzunehmen. Da schimmern Gefühle durch Eitels Abrechnung mit Feng Shui, die seiner selbst auferlegten, nüchternen Wissenschaftlichkeit untreu werden möchten.

Dann nimmt Eitel die Last der sachlichen Erklärungen auf sich. Mit nervtötender Akribie stürzt er sich in Detailerklärungen, die auf seine damalige christliche Leserschaft höchst verwirrend gewirkt haben müssen, es sei denn, es befanden sich angehende Geomanten darunter. Eingebettet in die umständliche Ausdrucksweise seiner Zeit sind diese aneinander gereihten Fakten wohl kaum als literarischer Genuss zu bezeichnen, aber besonders bei den schwierigen Strecken seines Textes gebührt Eitel Anerkennung. Kein anderer Europäer dort besaß die Kombination von Wissen, Geduld, Willen und Zeit, die erforderlich war, auch die technischen Aspekte des Feng Shui in allen Einzelheiten für uns zu erhalten. Und der Autor begeht hier nicht die Flucht ins Detail, sondern er nutzt es, um sein Ziel zu erreichen. Es galt, seine Glaubensgenossen von der verspielten Sinnlosigkeit des Feng Shui zu überzeugen. Sie sollten von vornherein wissen, was sie erwartete, im Falle sie verfielen dem mysteriösen Zauber dieser Naturverehrung. Sie sollten die Unsachlichkeit, die unglaubwürdige Naivität des in der chinesischen Auffassung universell gegenwärtigen Regelwerkes Feng Shui durch seine umso wissenschaftlichere Zerlegung erkennen.

Hierbei kommt für uns heute ein fundamentaler und höchst bezeichnender Unterschied der Geisteshaltungen zu Tage. Wie Christen auch sonstwo in Berührung mit anderen Kulturen, differenziert Eitel gewissenhaft zwischen seinem religiösen Auftrag und sachbezogen analytischem Denken. Doch für die Chinesen (wie für Indianer, Polynesier, Afrikaner u. a.) gab es konsequent eine Welt im Kontext einer Schöpfung, und kein Aspekt des Lebens und Schaffens war davon losgelöst, eigenständig. Für sie gab es keine Nebenbilder, nur Mosaiksteine des einen Ganzen.

Das unheimliche, teils banale und stets wissenschaftlich dilettantische Feng Shui hatte nach Eitels Meinung kaum vorstellbares Unheil im riesigen Reich der Mitte angerichtet. Mit seiner Missionsarbeit schlug der Autor sicher allzu oft ins Wasser und hinterher war von seinen Bemühungen keine Wirkung zu erkennen, nur unschuldig erhobene Hände, ein Lächeln und die Worte: Es ist Feng Shui. Also erklärte Eitel Feng Shui zu den kläglichen Rudimenten der Naturwissenschaft in China. Heute ließe sich lange darüber debattieren, ob er mit dieser Klassifizierung Recht hatte. Besonders da China mit Erfindungen, die wichtigen Interessen des weiten Landes dienten (wie Schießpulver für die Verteidigung oder flussbetriebene Bewässerungsräder für die Landwirtschaft, wie auch Papier für die Administration und die Künste, und manches mehr), Europa um Jahrhunderte voraus gewesen war, was Forschung im dienenden Sinne unabstreitbar macht.

In seiner Art zu denken hatte Eitel einen berühmten Vorgänger, mit dessen Leben und Werk er sich als gebildeter Engländer zweifelsohne ausgiebig befasst hatte. Es war Sir Francis Bacon (1561-1626), Staatsmann von Rang und Begründer der modernen wissenschaftlichen Methodik; der Mann, der als Erster darauf bestand, dass Thesen der Bestätigung durch Beobachtung und Experiment bedurften, für den Wissenschaft eine Sache der Logik und Prüfbarkeit war. Ob Eitel sich selbst als Schüler des großen Bacon einstufte, ist nicht bekannt, aber der Meister hätte ihn sicherlich als solchen anerkannt. Wenn Eitel die Werke Bacons kannte, wie das »Novum Organum«, in dem eine Methode dargestellt wird, Wissen universell zu verbreiten und die Herrschaft des Menschen über die Natur wieder herzustellen, Ideen, denen Eitel nicht abgeneigt war, dann war ihm vielleicht auch eine Äußerung Bacons aus einem anderen Zusammenhang aufgefallen. Bacon kommentierte ein Phänomen der Begegnung von Engländern und nordamerikanischen Indianern mit den Worten: »Es ist oft beobachtet worden, dass ein christlicher Herr, wohlgeboren und von gutem Stande und wohlerzogen, aus seinem eigenen freien Willen heraus seinen hohen Rang und die Welt des Luxus aufgibt, um bei den Wilden zu wohnen und ihr Leben zu führen und an ihrer ganzen Wildheit teilzunehmen. Aber noch nie wurde beobachtet, dass ein Wilder aus freiem Willen seine Wildheit aufgibt, um das Leben eines zivilisierten Menschen zu führen.«

Ob aufgrund dieses Hinweises oder eigener Intuition, Eitel muss erkannt haben, dass seine Glaubensgenossen der westlichen Mentalität für die besinnliche Exotik ferner Lebensführung und Philosophien anfällig waren, und er setzte die Feder zum Präventivschlag an. Der selbst gestellte Auftrag, dem Übel dieses Aberglaubens und vielem mehr entgegenzutreten, lieferte ihm die Rechtfertigung, die er brauchte, um nach Humboldt'scher Manier Berichte, Betrachtungen und Beobachtungen zu verfassen, die seinen wissenschaftlichen Drang befriedigten und seinen Lesern seltene Einblikke in fremde Kulturen boten, wobei es an abqualifizierenden Hervorhebungen jedoch nicht fehlen durfte. Kaum ein anderer Missionar dieser Epoche war wie Eitel dazu befähigt, aber seine zahlreichen Veröffentlichungen durch die englische Missionsgesellschaft in London waren sicherlich eher geeignet, Christen zu materieller und geistiger Unterstützung zu motivieren als China zu bekehren, was sehr wohl auch in Eitels Absicht gelegen haben mochte.

Genau gesehen befand sich Eitel in einem Geflecht von Widersprüchen, aus dem nur ein einziger Weg zum eigenen Seelenfrieden führt: der totale Glaube. Wie so oft in der langen und häufig bitteren Geschichte religiösen Eifers hieß es auch hier, die Unzulänglichkeiten und Schönheitsfehler der Gegenseite hervorzuheben und die der eigenen zu übersehen.

Eitel, der sein Leben der Verbreitung einer Lebensauffassung widmete, die nur in starkem Glauben gedeihen kann, warf den Chinesen das Glauben vor und sprach dabei aus der dürftig verschleierten Überzeugung heraus, dass ein Volk weniger avanciert sei, wenn es den wissenschaftlich-technischen Stand des missionierenden Volkes noch nicht erreicht habe.

Diese Messlatte als Nachschlag zur Religion rechtfertigte damals vieles und tut es heute noch. Nichts, was Eitel an Feng Shui und den Geomanten Chinas anprangert, wäre nicht auch in wesentlich schlimmeren Ausmaßen in den christlichen Kirchen auffindbar gewesen, bis hin zum Aberglauben. Im Gegenteil, der sanften Suche nach Harmonie zwischen den Werken von Menschen und der Beschaffenheit der Natur, aus der er stammt, fehlen einige aggressive Eigenschaften, die in den von christlichen Kirchen beherrschten Gebieten jahrhundertelang zu Machtkämpfen und unbeschreiblichem Elend geführt haben.

Eitel lässt seine Verachtung für die Geschäftemacher unter den chinesischen Geomanten deutlich durchklingen, aber er ignoriert die maßlose Korruption in den eigenen Reihen, die in ihrer letztendlichen Untragbarkeit zur Spaltung der Kirche Europas und damit zu weiterem Blutvergießen geführt hatte. Ihn störten die grazilen, der Landschaft angepassten Pagoden Chinas weitaus mehr als die fürstlichen Prunkbauten und Paläste der Nachfolger Christi in den Heimatländern seiner Kirche, für deren Errichtung viele Generationen bluteten.

Eitel war ein hochintelligenter, gebildeter Mensch und er tat seine Pflicht als gläubiger Christ und mehr. Dass die Chinesen genügend Respekt vor seiner Kultur und seinem Glauben hatten, ihrerseits keine Missionare nach London oder New York zu entsenden, hatte er nicht wahrgenommen. Auch Eitel war dem verfallen, was Rudyard Kipling mit resignierter Treffsicherheit »die Bürde des weißen Mannes« nannte, dem triebhaften Drang, überall auf dieser Erde bekehren zu müssen statt Andersdenkende akzeptieren zu können. Und wie so viele seiner (und unserer!) Zeitgenossen war Eitel in die omnipotenten Möglichkeiten der Wissenschaft verliebt – wir können heute nur mutmaßen, woran er wirklich oder zumindest mehr glaubte, an die Wissenschaft oder an Gott.

Es spricht für Eitels Integrität und persönliche Überzeugung, dass er sich zwar rigoros bemühte, von der Sachlichkeit nicht abzuweichen, aber dann, als er seiner Meinung nach der Objektivität Genüge getan hatte, seinem Zorn und seiner Enttäuschung darüber freien Lauf lässt, dass sich Konfuzius (551- ca. 479 v. Chr.!) nicht nach dem Vorbild der Apostel verhalten hatte. Eitel macht keinen Hehl aus seiner Meinung oder seiner persönlichen Betrachtungsweise, und dies macht ihn als Mensch glaubwürdig, sogar sympathisch.

In seinem Bestreben, Feng Shui zu entblößen und auf diese Weise für westliche Christen uninteressant zu machen, hat uns Eitel ein Dokument geschaffen, das aus mehreren Gründen Beachtung verdient. Es enthält die einzige derartig genaue Schilderung der Geomantie Chinas und insbesondere des geomantischen Kompasses, und das aus der Blütezeit des Feng Shui in China. Ferner liefert Eitel faszinierende Einblicke in das Geschäfts- und Gesellschaftsleben Chinas im 19. Jahrhundert und illustriert einiges an den bereits bekannten Interessen der Europäer dort.

Was uns jedoch nicht entgehen darf, ist der Punkt, der für unsere Zeit die größte Relevanz haben dürfte: die Kollision zwischen Wissenschaft und Technik auf der einen und Rücksicht auf die Natur unseres Planeten auf der anderen Seite. Wir müssen aufhorchen, wenn Eitel von der nicht genehmigten Bahn im damaligen China als ärgerliche Dummheit schreibt. Unserer Zivilisation ist solche »Rückständigkeit« nicht vorzuwerfen, wir bauen alles, was den Puls unseres Treibmittels Geldfluss erhöht, wo immer wir walten dürfen, und sei ein Projekt nach den Gewinnen schon durch die Erstellung »nur«

sinnlos oder sogar uneinschätzbar destruktiv für die Menschen, für die Natur und die Kultur.

Feng Shui forderte genaue Überlegungen, bevor ein Vorhaben in die Natur gesetzt wurde, und diese Forderung kann prinzipiell kein Irrtum sein. Durch Eitels Essay blicken wir an jener Stelle in die Vergangenheit, an der die neu dimensionierte Dynamik der industriellen Revolution besonders von England aus wie Schockwellen rund um den Globus lief, wo Techniker und Wissenschaftler zu begreifen begannen, dass nur das Undenkbare undenkbar bleiben würde, wo sich der Kaufmann, der Missionar und der General an den entlegensten Stellen dieser Welt die Hände reichen konnten, jeder mit seinem eigenen Bekehrungsauftrag, wo abgelegene Kulturen und Völker und letztlich das Befinden unserer Erde dem grausamen Segen unserer Ambitionen endgültig ausgeliefert wurden.

Dieses Werk erschien 1983 als erste deutschsprachige Darstellung von Feng Shui und ist nach wie vor die einzige in sich vollständig historische. Seitdem ist viel Wasser durch den Rhein-Main-Donau-Kanal geflossen, der damals im buchstäblichen Sinne des Wortes gnadenlos fertig gestellt wurde.

Feng Shui sollte dem deutschsprachigen Publikum zugänglich gemacht werden und soll es in dieser Form auch bleiben, ungeachtet der Fabulierungen von selbstentdeckten »Experten«, die seither Geomantie als neue Berufungsnische ausgemacht haben, auch wenn sie in der Regel vor dem einfachsten *lo p'an* wie der sprichwörtliche »Ochs' vorm Berge« stünden. Doch die Feng Shui zu Grunde liegende Ermahnung, den Belangen der Ökologie bei allen Unternehmungen gebührende Rücksicht zu schenken, bleibt vom Dilettieren damit wie auch von den schlitzohrigen Machenschaften heutiger »Feng Shui Priester« in chinesischen Wirtschaftszentren wie Hongkong unangetastet.

Manchmal drängt sich die Frage auf, wie glücklich der bewundernswerte Scholastiker E. J. Eitel mit dem Sieg wäre, den »seine Seite« letztendlich nach dem Leitgedanken »Macht euch die Erde untertan« über die Natur errang.

Peter Hübner

Bild Seite 19:
Straßenszenen in Canton. Mit ihren Vororten und schwimmenden Siedlungen auf dem Perlenfluss hatte die Stadt damals ungefähr eine Million Einwohner. Läden waren offen gestaltet und Käufe wurden unter Sonnenschirmen getätigt, sodass man sich »... freier und unbehinderter als in London oder Paris« fühlte, wie der Missionar Wright schreibt.

Vorwort

Die Aspekte der chinesischen Wissenschaft, denen europäische Gelehrte ihre Aufmerksamkeit widmeten, waren natürlich jene, die ähnlichen Entwicklungen im Westen vorangingen oder sie widerspiegelten. Jeder weiß, dass die Chinesen das Schießpulver erfanden sowie den magnetischen Kompass, die Druckpresse und anderes mehr, denn durch eine Umkehrung der traditionellen Werte sind diese Erfindungen heute höher geschätzt als das gesamte System der Naturwissenschaft, das die Zivilisation des alten Chinas stütze. Die Wissenschaft des Feng Shui, ihre Beschaffenheit und ihr Zweck sind in den westlichen Ländern, die keine vergleichbare Tradition mehr besitzen, kaum erkannt worden. Das Thema schien auch jedes praktischen Wertes zu entbehren, da es dem Fortschritt der materiellen Technologie nichts beisteuern konnte.

Jedoch in Zeiten, als die Qualität einer Zivilisation an dem gemessen wurde, was sie an Stabilität und gesellschaftlicher Harmonie zustande gebracht hatte, war Feng Shui, die »Wissenschaft von Wind und Wasser«, ein unverzichtbarer Teil des täglichen Lebens. Denn Feng Shui galt als das einzige Mittel, eine niedergelassene Zivilisation zu etablieren, die ein harmonisches Verhältnis zwischen den Menschen und ihrer natürlichen Umgebung aufweist. Wie dies erreicht werden kann, ist von offensichtlichem Interesse in einer Zeit, die zunehmend unter den Problemen von Umweltverschmutzung, Landflucht, Unzufriedenheit und Wahnsinn leidet. Gegebenheiten, unter denen es angebracht ist, die Behauptungen zu registrieren, die die Eingeweihten über Feng Shui machten: Es war auf ewigen Prinzipien aufgebaut als Antwort auf eine ewige Situation. Das menschliche Leben auf der Erde, wie auch immer Ideen und Bräuche sich verändern mögen, unterliegt gleich bleibenden Gesetzen und Einschränkungen.

Feng Shui wurde die Schönheit und Fruchtbarkeit der chinesischen Landschaft zugeschrieben sowie die dichte Bevölkerung und ihr friedliches Wohlergehen. Die Eingeweihten waren der Astronomie, der Zahlen und vieler weiterer Wissenschaften kundig, die sie in Verbindung mit ihrer Philosophie der Seelenwanderung und ihren Kenntnissen der essentiellen Kräfte der Natur, von denen jegliches Leben abhängt, anwendeten. So wurde gesagt, dass »Feng Shui die Behausungen der Lebenden und der Toten einander anpasste, sodass sie in Kooperation und Harmonie mit den örtlich herrschenden Strömungen des kosmischen Atems waren«. Der Zustand, den Feng Shui anstrebte, war kein geringerer als das Goldene Zeitalter.

E. J. Eitel, ein Geistlicher der London Missionary Society und Autor eines Werkes über Buddhismus, nahm die Gelegenheit seiner Mission in China wahr, um eine einfühlsame Studie der mündlichen und literarischen Überlieferung des Feng Shui zu erstellen. Weit mehr als hundert Jahre nach ihrer Erstveröffentlichung ist diese Abhandlung immer noch das einzige umfassende Werk über dieses Thema.

Zur Zeit, in der Eitel dieses Werk verfasste, war der Triumph der materialistischen Philosophie und Wissenschaft über die traditionellen Systeme so offensichtlich, dass es für einen rational denkenden Europäer kaum möglich war, ernsthaftes Interesse, sondern höchstens eklektisches an solchen Dingen wie Feng Shui zu haben. Dennoch waren die Chinesen, wie Eitel feststellt, verwundert, dass die Europäer, die in vielen anderen Bereichen so fortschrittlich waren, von Feng

Shui keine Kenntnis hatten, wurde es doch als Basis des zivilisierten Lebens betrachtet. Und es ist ein Verdienst ihres Systems, dass der chinesischen Landschaft die Verwüstung durch manche industrielle Entwicklung, die gegen die Prinzipien des Feng Shui verstoßen hätte, erspart blieb. Das China des 19. Jahrhunderts war der Schauplatz des Aufeinanderprallens von zwei rivalisierenden Kosmologien, dem Glauben an das mechanisch expandierende Universum des modernen Europas gegenüber dem des statischen Zustands als Weltsystem des Altertums. Der Kampf, der zu Eitels Zeit endgültig für das erstere System entschieden schien, ist wieder im Gange, und der Wert des Feng Shui für diejenigen, die ein umfassendes alternatives System suchen, um dem destruktiven Vormarsch des Materialismus entgegenzustehen, ist, dass es einen wissenschaftlich aufgebauten Standard darstellt, nachdem eine zivilisierte Gesellschaftsordnung konstruiert werden kann.

Der chinesischen Tradition zufolge wurden die zivilisierten Künste von dem ersten Herrscher, Fu Hsi, eingeführt. »Aufwärtsblickend sann er über Gestaltungen in den Himmeln nach; hinabblickend betrachtete er die Muster auf der Erde.« So war die Wissenschaft des Feng Shui entstanden, nach der die Zeichen des Himmels in den Gestaltungsformen der Landschaft wiedergegeben wurden, die Interessen der Lebenden mit denen der Toten in Einklang gebracht wurden und der Einfluss des Kosmos auf menschliche Belange aktiviert wurde. Auch im Verlauf einer langen Zeit der Dekadenz heiligte die Naturwissenschaft des alten China das Leben der Menschen, brachte sie in eine intimere Beziehung mit ihrer Umgebung und gab ihnen ein Gefühl von Sicherheit und Kontinuität, die Bedingungen für ein vollwertiges menschliches Dasein.

John Michell

Pagode im Kloster der beseelten Berggipfel Ling yen sze, Provinz Shantung. Das Pagodenkonzept stammte aus Indien, doch sie wurden zum Bestandteil der klassischen Feng Shui Landschaft und dienten in Verbindung mit weiteren Bauwerken, um den Fluss der Lebensenergien der Erde zu stimulieren.

Pagode im Dorf Palichuang, Peking, Provinz Chihli. Die Pagode wurde 1578 erbaut und ist 56 m hoch.

Feng Shui

oder

Die Rudimente der Naturwissenschaft in China

1. Kapitel

Einführung

Was ist Feng Shui? Diese Frage wurde in den letzten dreißig Jahren immer wieder gestellt. Seit es Ausländern gestattet wurde, sich innerhalb der Grenzen dieses fremdartigen Reiches China niederzulassen, taucht diese Frage unablässig auf. Beim Erwerb eines Baugrundstücks oder während des Hausbaues, beim Abreißen einer Mauer oder Aufstellen eines Fahnenmastes – die europäischen Bewohner der Vertragshäfen sind auf zahllose Schwierigkeiten gestoßen und alle sind auf Feng Shui zurückzuführen. Als vorgeschlagen wurde, einige Telegraphenmasten aufzustellen, als der Bau einer Eisenbahn der chinesischen Regierung nahe gelegt wurde, als lediglich eine Straßenbahn vorgeschlagen wurde, um die Kohlengruben des Binnenlandes zu nutzen – die chinesischen Funktionäre verbeugten sich jedes Mal höflich und erklärten, das Vorhaben sei wegen Feng Shui unmöglich. Als vor dreißig Jahren die führenden Kaufleute der Kolonie Hongkong die Absicht hegten, den Geschäftsteil der Stadt in dem so genannten Tal des Glücks anzulegen, scheiterten sie kläglich an Feng Shui.

Als die Regierung von Hongkong einen Weg ausheben ließ, der heute Die Kluft genannt wird und zum Tal des Glücks führt, geriet die chinesische Bevölkerung in einen Zustand grauenhaften Terrors und großer Angst wegen des Durcheinanders, das diese Amputation der Gliedmaßen des Drachens am Feng Shui Hongkongs anrichten würde. Und als viele der Ingenieure, die an der Aushebung beteiligt waren, an Hongkongfieber starben und bereits im Tal des Glücks errichtete Wohnhäuser von Ausländern aufgrund von Malaria wieder geräumt werden mussten, erklärten die Chinesen triumphierend, dies seien Handlungen der ausgleichenden Gerechtigkeit seitens Feng Shui. Als Senhor Amaral, der Gouverneur von Macao, der in sich eine Leidenschaft für den Straßenbau mit einer grenzenlosen Verachtung von Feng Shui vereinte, bei der Standortbestimmung und dem Situieren chinesischer Grabstätten störte, wurde er auf einer Reise überfallen und ihm der Kopf abgehackt. Die Chinesen nannten diese hinterhältige Tat die Rache des Feng Shui.

Sicherlich muss etwas an Feng Shui dran sein, wenn es die niedrigste Klasse der Chinesen dazu treibt, einen gemeinen Mord zu begehen, und eifrig von Staatsministern angewendet wird, die so eine befriedigende Ausrede für ihre eigene Unwilligkeit haben, Handel und Zivilisation voranzutreiben.

Was ist Feng Shui? Sinologen durchforschten die chinesischen Klassiker nach einer Antwort auf diese Frage, suchten in ihren Wörterbüchern danach und fanden keine. Kaufleute befragten ihre Helfer und Hausjungen – was ist Feng Shui? Aber die Antworten, die sie bekamen, waren ziemlich eigenartig und konfus. Ihnen wurde bestenfalls gesagt, dass Feng Shui »Wind und Wasser« bedeute und so genannt werde, weil es »ein Ding ist wie Wind, den du nicht fassen kannst, und wie Wasser, das du nicht greifen kannst«.

Aber merkwürdigerweise behaupten die Chinesen immer wieder, dass die Fremden alles über Feng Shui wüssten. Als die Sterblichkeit unter den Hongkongtruppen, die in den Murray Barracks untergebracht waren, erschreckend hoch war und der Chefarzt der Kolonie das Anpflanzen von Bambus hinter den Gebäuden vorschlug, bemerkten die Chinesen gerechterweise, dass diese Maßnahme in enger Übereinstimmung mit Feng Shui wäre, und als sich herausstellte, dass die Seuche dadurch tatsächlich gehemmt wurde, betrachteten sie dies als einen Beweis der guten Eigenschaften des Feng Shui. Als ausländische Einwohner von Hongkong begannen, Villen in Pokfoo-lum zu bauen (welches nach Feng Shui der beste Standort der Insel ist), als die Regierung dort mit dem Bau eines Nutzwasserbeckens anfing, als Behälter für Wasser an der nördlichen Seite von Hongkong gebaut wurden und der Hang des Hügels mit Bäumen besetzt wurde, als das Aufgraben der Erde an Stellen verboten wurde, wo sich viel zerfallenes Gestein befindet, in all diesen Fällen vermuteten die Chinesen, dass die Ausländer viel mehr von Feng Shui wüssten, als sie zugaben, und der Chefingenieur galt als ein sachkundiger Kenner des Feng Shui. Wieso, sagen sie, da ist das Regierungsgebäude an der allerbesten Stelle der nördlichen Seite der Insel, von hinten abgeschirmt durch hohe Bäume und sanft ansteigende Terrassen, rechts und links umgeben von Straßen mit anmutigen Kurven, und die gesamte Lage vereint alles, was Feng Shui vorschreiben würde – wie ist es möglich, dass Ausländer so tun, als wüssten sie nichts von Feng Shui?

Nun, wäre Feng Shui nichts weiter als das, was unsere Vernunft und unsere natürlichen Instinkte lehren, dann wäre das chinesische Feng Shui nicht solch ein Rätsel für uns. Aber tatsächlich haben die Chinesen Feng Shui zu einer schwarzen Kunst gemacht, und diejenigen, die in dieser Kunst geübt sind und damit ihren Lebensunterhalt bestreiten, finden es zu ihrem Vorteil, genauso ein Geheimnis daraus zu machen, wie die, mit denen europäische Alchemisten und Astrologen ihre kuriosen Einfälle umgaben. Jeder in China residierende Ausländer eignet sich jedoch nach einigen Jahren des Umganges mit den Chinesen eine relativ deutliche Vorstellung dessen an, was Feng Shui ist, und die meisten meiner Leser wissen zweifellos, dass es, praktisch gesehen, ein simples System des Aberglaubens ist, das dem Volk beibringen soll, wo und wann eine Grabstätte gebaut oder ein Haus errichtet werden sollte, um so für die Betroffenen ewig andauernden Wohlstand und Glück zu sichern.

Seit meiner Ankunft in China habe ich eine Vielzahl von alltäglichen Konfrontationen mit Feng Shui erlebt, und da ich über viele Jahre hinweg Notizen zu diesem Thema gesammelt und seine Literatur in all ihren Verzweigungen studiert habe, habe ich jetzt vor, die Ergebnisse meiner Studien der Öffentlichkeit vorzulegen. Feng Shui ist jedoch, wie ich es auffasse, lediglich ein anderer Name für Naturwissenschaft, und ich muss die Geduld meiner Leser dafür erbitten, dass ich einen allgemeinen Umriss der Naturwissenschaft Chinas vorstelle, um das System des Feng Shui verständlich zu machen.

Naturwissenschaft wurde in China nie in dieser technischen, auf Fakten bezogenen Weise kultiviert, die für uns untrennbar von einer echten Wissenschaft erscheint. Chinesische Naturalisten machten sich nie viel Mühe mit dem Studium der Natur und dem Herauslocken ihrer versteckten Geheimnisse durch minuziöse und praktische Prüfungen und Experimente. Sie erfanden keine Instrumente, um ihnen bei der Betrachtung der Himmelskörper zu helfen, sie befassten sich nie mit der Jagd nach Käfern und dem Präparieren von Vögeln, sie schreckten davor zurück, Tierkadaver zu sezieren und führten auch keine chemischen Analysen anorganischer Substanzen durch. Aber mit sehr wenig tatsächlichem Wissen entwickelten sie ein ganzes System der Naturwissenschaft aus ihrem eigenen inneren Bewusstsein heraus und erläuterten es nach den dogmatischen Formeln uralter Traditionen. So bedauerlich dieses Fehlen von praktischer sowie experimenteller Forschung auch ist, was das Tor für alle möglichen Vermutungstheorien öffnete, so bewahrte es in Chinas Naturwissenschaft einen Geist sakraler Ehrfurcht gegenüber den himmlischen Kräften der Natur.

Obwohl der moderne Konfuzianismus schon vor langer Zeit den Glauben an einen allmächtigen persönlichen Gott abgelegt hat, von dem die klassischen Schriften noch immer ein lebloses Gedenken erhalten, und obwohl sie für den persönlichen Gott, den ihre Ahnen verehrten, eine abstrakte Einheit eingesetzt haben, ohne eine Persönlichkeit, ohne überhaupt irgendwelche Attribute, so betrachten sie die Natur doch nicht als toten, regungslosen Stoff, sondern als einen lebenden, atmenden Organismus. Sie sehen eine goldene Kette geistigen Lebens, die jede Form der Existenz durchläuft und alles, was droben im Himmel oder unten auf der Erde existiert, in einem lebenden Körper verbindet. Was so oft an der Naturphilosophie der Griechen bewundert wurde – dass sie die Natur lebendig machten, dass sie in jedem Stein und jedem Baum einen lebenden Geist sahen, dass sie das Meer mit Najaden bevölkerten, die Wälder mit Satyren – diese poetische, emotionale und ehrfürchtige Weise, natürliche Gegenstände zu betrachten, ist genauso ein Charakteristikum der Naturwissenschaft in China.

Das gesamte System des Feng Shui basiert auf dieser emotionalen Vorstellung von der Natur. Wir mögen den unwissenschaftlichen, rudimentären Charakter der chinesischen

Physiologie belächeln; wir mögen darauf hinweisen, dass jeder Zweig der Wissenschaft in China lediglich ein rudimentäres Tasten nach Wahrheiten ist, die jedem Schuljungen in Europa geläufig sind; wir mögen zu dem Schluss kommen, dass China insgesamt doch nur einem übergroßen Kind ähnelt, auf dessen Intellekt ein plötzlicher Schatten fiel und das seitdem zum Erwachsenen heranwuchs, bis ins Greisenalter, mit nicht mehr Wissen als dem eines lebhaften Kindes. Und trotzdem sage ich, dieses selbe China betrachtend, das älteste unter den uralten Völkern, das größte unter den großen Reichen oder zumindest das bevölkerteste unter allen Ländern der Welt, ergraut mit Alter, schwer, stumpf, kindisch ignorant in Sachen des Intellekts – ja, sage ich, hätte es Gott doch gegeben, dass unsere eigenen Männer der Wissenschaft in ihren Sternwarten, Laboratorien und Hörsälen diese selbe kindliche Ehrfurcht für die lebenden Kräfte der Natur erhalten hätten, diese sakrale Ehrfurcht und die zitternde Furcht vor den Mysterien des Unsichtbaren, diesen festen Glauben an die Wirklichkeit der unsichtbaren Welt und ihre dauernde subtile Wirkung auf das Sichtbare und Weltliche, welches das Tasten dieser Chinesen nach Naturwissenschaft charakterisiert.

Das System des Feng Shui ist relativ modernen Ursprungs. Seine Diagramme und Leitideen sind wohl einem der frühgeschichtlichen Klassiker entliehen, jedoch basieren seine Methode sowie die praktische Anwendung fast völlig auf den Lehren des Choo-he und anderer, die während der Sung-Dynastie (1126-1278 n. Chr.) lebten und deren Kommentare zu den Klassikern in jeder Schule gelesen werden. Choo-hes Denkart wurde sogar vom modernen Konfuzianismus übernommen und bildet die philosophische Grundlage des gesamten Systems des Feng Shui.

Laut Choo-he gab es am Anfang ein abstraktes Prinzip oder

eine Monade, das Absolute Nichts genannt, welches aus sich selbst heraus das Große Absolute evolvierte. Dieses abstrakte Prinzip, diese Monade, das Große Absolute, ist der Ursprung jeglicher Existenz. Als es sich zum ersten Mal regte, schuf sein Atem, die Lebensenergie, im Erstarren das große männliche Prinzip. Als es sich bis zum Äußersten bewegt hatte, ruhte es und brachte im Ruhen das weibliche Prinzip hervor. Als es bis zum Äußersten geruht hatte, bewegte es sich wieder und fuhr so fort in abwechselnder Bewegung und Ruhe ohne Unterlass. Als sich der höchste Ursprung so in Männliches und Weibliches geteilt hatte, bildete das, was oben war, den Himmel und das, was darunter war, die Erde. So war es, dass Himmel und Erde erschaffen wurden. Aber der höchste Ursprung, der durch Evolution die männlichen und weiblichen Prinzipien hervorgebracht hatte und durch sie den Himmel und die Erde, unterließ nicht sein andauerndes Wechseln, in dessen Verlauf Menschen und Tiere, Pflanzen und Minerale entstanden. Dieselbe Lebensenergie wirkte seitdem weiter und handelte weiter durch diese beiden ursprünglichen Verursacher, die männlichen und weiblichen Kräfte der Natur, die seither gemeinsam und abwechselnd einander schieben und in Bewegung setzen, ohne eine Pause von auch nur einem Moment.

Die Energie, die diese beiden Prinzipien belebt, wird im chinesischen Hi genannt, oder der Atem der Natur. Als dieser Atem zuerst hervorging und die männlichen und weiblichen Prinzipien schuf und letztlich das gesamte Universum, so tat es dies nicht willkürlich oder zufällig, sondern folgte festgesetzten, unergründlichen und unveränderlichen Gesetzen. Diese Gesetze oder die Ordnung der Natur, genannt Li, wurden daher abstrakt berücksichtigt vor dem Austreten des Lebensatems und müssen deshalb getrennt betrachtet werden.

Wiederum, in Anbetracht dieses Li oder der allgemeinen Ordnung des Universums, nahmen die alten Weisen wahr, dass sämtliche Gesetze der Natur sowie alles Wirken ihres Lebensatems in genauer Übereinstimmung mit gewissen mathematischen Prinzipien sind, welche rückverfolgt und mit Diagrammen verbildlicht werden können, um dann die numerischen Proportionen des Universums darzustellen, genannt So. Jedoch der Atem der Natur, Hi, die Ordnung der Natur, Li, und die mathematischen Proportionen der Natur, So, diese drei Prinzipien sind für die Sinne nicht direkt wahrnehmbar. Sie sind außer Sicht versteckt und manifestieren sich lediglich durch Formen und Umrisse der physischen Natur. Mit anderen Worten, die Phänomene der Natur, ihre äußerlichen Erscheinungsformen, bilden einen vierten Zweig des Systems der Naturwissenschaft, genannt Ying oder Formen der Natur. Nun, diese vier Unterteilungen, Li, die allgemeine Ordnung der Natur, So, ihre numerischen Proportionen, Hi, ihr Lebensatem oder ihre subtilen Energien, und Ying, ihre Erscheinungsformen, bilden das, was allgemein als System des Feng Shui bezeichnet wird.

Jedoch kein chinesisches Werk über Feng Shui – jedenfalls keines, das ich gesehen oder von dem ich gehört habe – verfolgt diese Unterteilungen methodisch, obwohl sie alle die vier Prinzipien erwähnen und ihnen hier und da gebührende Hervorhebung zukommen lassen. Andererseits stammt diese Unterteilung des Feng Shui Systems in vier Zweige nicht von mir. Ein distinguierter kantonesischer Gelehrter, ein Mitglied des Kaiserlichen Kollegiums, erwähnt in einem Vorwort, welches er für ein weit verbreitetes Buch über Geomantie schrieb, dass das gesamte System des Feng Shui vorteilhaft in die oben erwähnten vier Gebiete unterteilt werden könne. Von diesem Vorwort habe ich den Hinweis erhalten und ich beabsichtige nun, meinen Lesern das System des Feng Shui vor Augen zu führen, unter Berücksichtigung dieses vierfachen Planes und so ausgearbeitet, dass es ihnen einen allgemeinen Einblick in das gesamte System der chinesischen Naturwissenschaften ermöglichen sollte.

Bild Seite 36:
Die Melonen-Insel, davor ein Bewässerungsrad. Zum Wasserheben wurde das Rad außen mit Wasserschaufeln versehen. In den Innenraum wurden rechteckige Holzeimer gehängt, die, oben angekommen, automatisch gekippt wurden und das Wasser in einen weiterführenden Trog gossen. Ein solches Wasserrad konnte 300 Tonnen Wasser in 24 Stunden heben.

Bild Seite 37:
Die »Festung des Schreckens« bei Ting-hai, Schauplatz einer der blutigsten Schlachten des Opiumkrieges (auch Schmutziger Krieg genannt, 1840-42). Die Gegend war für ertragreichen Ackerbau und Handel bekannt, wurde jedoch von den englischen Streitkräften weitgehend verwüstet.

Bild Seite 39:
Die Große Mauer, begonnen aus älteren getrennten Wehranlagen unter Kaiser Shih-Huang-Ti (221-210 v.Chr.), erreichte ihre endgültige Form im 15. Jh. (Ming-Dynastie).
Zum Schutz vor ungünstiger Witterung und sonstigen Einflüssen aus dem Norden liegen chinesische Grabstätten und ganze Städte üblicherweise südlich einer Hügelkette. Wo sich solch natürlicher Schutz nicht anbietet, kann ein Hügel auch künstlich angehäuft werden. Die Große Mauer hatte eine etwa gleichbedeutende symbolische Funktion wie die Einfriedung eines Herrensitzes: Sie stellte eine psychologische wie auch reelle Barriere dar, die das gesamte Land vor den Kräften der nördlichen Regionen schützte.

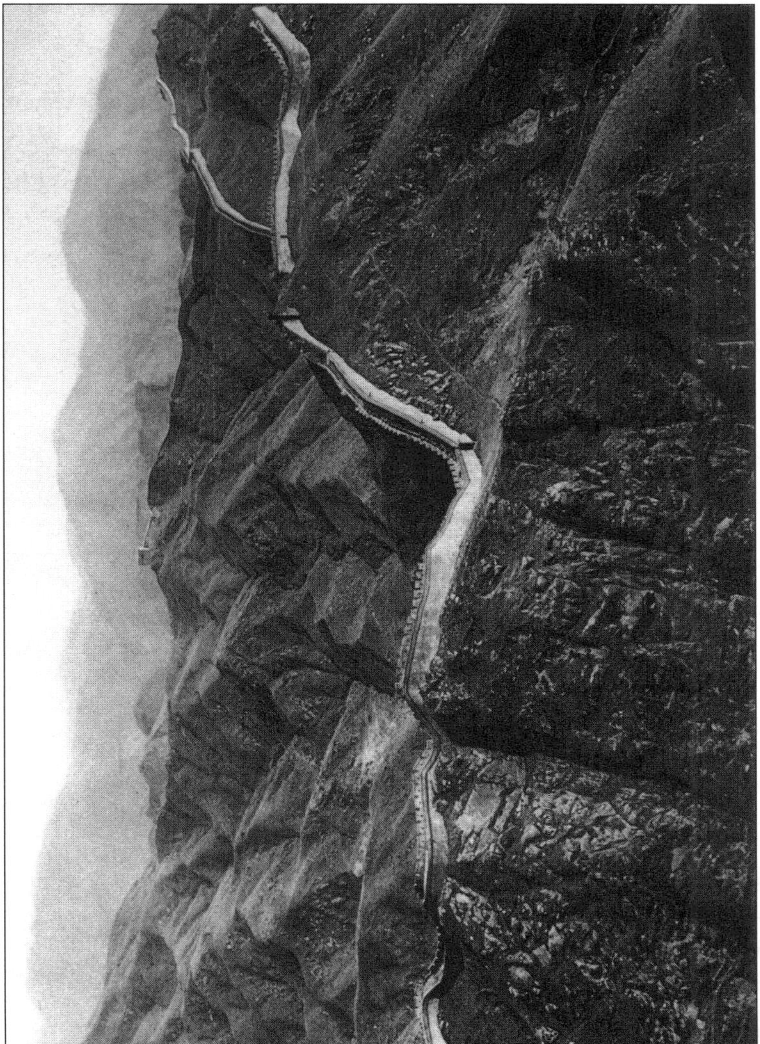

2. Kapitel

Die Gesetze der Natur

Den vorhergegangenen Anmerkungen folgend bin ich gehalten, mich als Erstes mit Li oder den allgemeinen Prinzipien, welche die Natur regieren, zu befassen, mit den Gesetzen des physischen Universums. Um diese richtig zu verstehen, müssen wir zu Beginn vor Augen behalten, dass die Chinesen den Himmel als Idealzustand betrachten, von dem unsere Erde lediglich eine grobe, materielle Spiegelung ist.

Alles, was auf der Erde existiert, ist lediglich eine vorübergehende Erscheinungsform irgendeiner himmlischen Stelle. Alles Irdische hat seinen Prototyp, seinen Ursprung und seine herrschende Stelle im Himmel. Der chinesische Philosoph, der die Schönheiten der Natur betrachtet, die Variationen von Hügeln und Ebenen, von Flüssen und Meeren, die wunderbare Harmonie von Farbe, Licht und Schatten, sieht darin nur eine schwache Spiegelung der noch herrlicheren Szenerie, die in schwebender Pracht auf dem sternenübersäten Firmament des Himmels dargestellt ist. Er blickt die Sonne an, diese gleißende Regentin des Tages, und erkennt in ihr, als ihre irdische Spiegelung, das männliche Prinzip der Erschaffung, das über alles unter der Sonne herrscht. Er erhebt seine Augen zum Mond, der wunderschönen Königin der Nacht, und sieht ihre Spiegelung auf Erden in dem weiblichen Prinzip, welches über allen unter dem Mond befindlichen Formen der Existenz steht. Er betrachtet die schnellen Kreisbahnen der fünf Planeten – Jupiter, Mars, Venus, Merkur und Saturn – und sieht ihre Gegenstücke auf Erden in dem endlosen Austausch und den Wechselwirkungen der fünf Elemente der Natur – Holz, Feuer, Metall, Wasser und Erde. Er sinnt nachts über das glitzernde Firmament nach und vergleicht es mit seinem schwach gespiegelten Abglanz auf der Oberfläche unserer Erde, wo die Berge die Sterne bilden und die Flüsse und Ozeane die Antwort auf die Milchstraße sind.

Kurz gefasst, das Firmament des Himmels ist für den chinesischen Betrachter ein mysteriöses Lehrbuch, in dem die Gesetze der Natur, die Schicksale von Nationen, das Geschick und Gedeihen jedes Einzelnen in hieroglyphischen, mystischen Schriftzeichen geschrieben stehen, unentzifferbar für alle außer den Eingeweihten. Nun, diese Schrifttafeln des Himmels zu entziffern, die Siegel dieses apokalyptischen Buches aufzubrechen ist die primäre Absicht des Feng Shui. Und die erste Methode, die angewandt wird, um dieses himmlische Horoskop für die Zukunft zu deuten, der erste Schlüssel, der eingeschoben wird, um diesen rätselhaften Tresor zu öffnen, in dem die Geschicke gegenwärtiger sowie zukünftiger Generationen eingeschlossen sind, ist die Kenntnis der allgemeinen Prinzipien oder Gesetze der Natur.

Lernet also, wenn ihr eure Geschicke erlernen wollt, und hütet wohl diese Lektionen:

1. Der Himmel regiert die Erde.
2. Beide, Himmel und Erde, beeinflussen alle Lebewesen und es ist in deiner Macht, diesen Einfluss am günstigsten zu deinem Vorteil zu wenden.
3. Die Geschicke der Lebenden hängen auch von dem guten Willen und dem allgemeinen Einfluss der Toten ab.

Zu dem ersten Punkt, dem Einfluss, den der Himmel auf die Erde ausübt, sind die Faktoren, die hier berücksichtigt werden: Die Sonne und der Mond samt den zwölf Zeichen des Tierkreises, den achtundzwanzig Konstellationen, den fünf Planeten – denn die Chinesen kennen nur fünf –, den sieben Sternen des Großen Bären und den neun weiteren Sternen der nördlichen Gruppe.

Die Sonne, wie bereits erwähnt, beeinflusst das gesamte physische Universum, und ihre offensichtliche Bahn, wie von den zwölf Zeichen des Tierkreises markiert, ist daher ein wichtiges Element in der Berechnung des Einflusses des Himmels auf die Erde.

Die Chinesen unterteilen die Ellipse in zwölf gleiche Teile, von denen jeder den Namen eines Tieres erhält. So nennen sie den ersten die Ratte, und er entspricht unserem Widder; der nächste heißt Ochse und ist identisch mit unserem Stier; der dritte, den sie Tiger nennen, entspricht unseren Zwillingen; der vierte, der Hase, entspricht dem Krebs; der fünfte, der Drachen, gleicht dem Löwen; der sechste, die Schlange, ist die Jungfrau; der siebente, das Pferd genannt, ist unsere Waage; der achte, der Widder, unser Skorpion; der neunte, Affe genannt, ist der Schütze; der zehnte, der Hahn, ist der Steinbock; der elfte, der Hund, ist der Wassermann und der zwölfte, der Eber, Fische.

Aufgrund des Vorrückens des Äquinoktiums, oder des Verrückens der Äquinoktialpunkte von Osten nach Westen, ist eine Änderung eingetreten – seit die Ahnen der Chinesen sich auf die zwölf Sternbilder fixierten – ich sage, eine Änderung ist eingetreten in den Verhältnissen zwischen den Zeichen des Tierkreises und ihren jeweiligen Sternbildern. Vor zweitausend Jahren stimmten die Tierkreiszeichen und die Sternbilder überein, sodass, wenn die Sonne in den ersten Punkt des Zeichens Widder eintrat, sie auch in die Konstellation des gleichen Namens eintrat. Die Wirkung des Vorrückens des Äquinoktiums war, die Sternbilder von ihren benennenden Zeichen zu trennen, sodass die Konstellation der Fische nun im Zeichen des Widders ist, und der Widder in dem Zeichen Stier. Die Chinesen, denen das Vorrücken des Äquinoktiums unbekannt blieb, stehen dieser Diskrepanz ziemlich perplex gegenüber, aber da sie sich weniger um Genauigkeit kümmern und mehr um uralte Traditionen, ignorieren sie die tatsächliche Diskrepanz und stellen immer noch die zwölf Zeichen dar, nicht wie sie heute erscheinen, sondern wie sie ihren Ahnen vor zweitausend Jahren erschienen. Sie benutzen die zwölf Zeichen des Tierkreises besonders, um die vierundzwanzig Jahreszeiten festzustellen. Wenn die Sonne in den 15. Grad des Wassermanns eintritt (am 5. Februar), fängt der Frühling an. Wenn sie in die Fische eintritt (19. Februar), beginnt die Regenzeit; wenn sie den 15. Grad der Fische erreicht (5. März), geraten Insekten in Erregung. Wenn sie in den Widder eintritt (30. März), kommt die Frühjahrstagundnachtgleiche, gefolgt (5. April) von dem Ausdruck »hell und klar«.

Der Eintritt in den Stier (20. April) bringt befruchtenden Regen und (5. Mai) den Beginn des Sommers. In den Zwillingen (21. Mai) bringt die Sonne die beiden Ausdrücke »das Getreide füllt sich« und (6. Juni) »das Getreide ist in der Ähre«. Im Krebs bringt die Sonne die beiden Bezeichnungen Sommersonnenwende (21. Juni) und »kleine Hitze« (7. Juli). Wenn die Sonne im Löwen ist (23. Juli), beginnt die »große Hitze« und (7. August) der Herbst setzt ein; wenn die Sonne im Zeichen der Jungfrau ist (23. August), ist die Hitze begrenzt und (8. September) weißer Tau wird fallen. Ist die Sonne im Zeichen der Waage (23. September), findet die Herbstsonnenwende statt und (8. Oktober) kalter Tau fällt. Im Skorpion (23. Oktober) kommt Frost und der Winter (7. November) stellt sich ein. Im Zeichen des Schützen (22. November) fällt wenig Schnee und dann (7. Dezember) große Massen Schnee. Wenn die Sonne im Steinbock ist (22. Dezember), findet die Wintersonnenwende statt und (6. Januar) die »kleine Kälte« tritt ein. Wenn die Sonne ins Zeichen des Wassermanns eintritt (20. Januar), findet die »große Kälte« statt und der Jahreskreis ist vollständig.

Am wichtigsten nach den zwölf Tierkreiszeichen sind die achtundzwanzig Konstellationen oder Häuser, durch die der Mond in seinem monatlichen Kurs entlang der Ellipse zieht. Diese achtundzwanzig Konstellationen sind in vier Sektionen unterteilt, von denen eine der Azurblaue Drachen genannt wird. Er befindet sich im Osten und besteht aus den ersten sieben Konstellationen. Die nächsten sieben Konstellationen sind der Zobel-Krieger, dessen Wohnsitz im Norden ist. Die dritten tragen den Namen des Weißen Tigers und befinden sich im Westen, und die letzten sieben werden als Zinnoberroter Vogel bezeichnet und beherrschen den Süden.

Aber neben diesen vier Sektionen, die als die Erde beeinflussende Geister angesehen werden, ist ferner zu beachten, dass von den achtundzwanzig Konstellationen die Nummern 4, 11, 18 und 25 eine glückliche Vereinigung mit der Sonne bilden, die Nummern 5, 12, 19 und 26 mit dem Mond, während mit den fünf Planeten folgende Verbindungen Glück bringend sind: Jupiter mit den Nummern 1, 8, 15, 22; Venus mit den Nummern 2, 9, 16, 23; Saturn mit den Nummern 3, 10, 17, 24; Mars mit den Nummern 6, 13, 21 und 27 und Merkur mit den Nummern 7, 14, 20 und 28.

Neben den achtundzwanzig Konstellationen spielen die fünf den Chinesen bekannten Planeten und die ihnen zugeschriebenen okkulten Eigenschaften eine sehr wichtige Rolle im System des Feng Shui. Jupiter wird die Herrschaft im Osten und über den Frühling zugesprochen und er hat die Gutmütigkeit als Eigenschaft. Mars ist im Süden, herrscht über den Sommer und schätzt Angemessenheit. Venus wohnt im Westen, regiert den Herbst und ihre Eigenschaft ist der Anstand. Merkur befindet sich im Norden, herrscht im Winter und ist der Vertreter der Weisheit. Saturn regiert in der Mitte der Erde, bestimmt die Sommermitte und wird durch Treue charakterisiert.

Es gibt weitere Himmelskörper, die gleichsam Einfluss auf die Erde ausüben. So wie die fünf Planeten zusammen mit Sonne und Mond die sieben Herrscher der Jahreszeiten darstellen, so tragen auch die sieben Sterne des Großen Bären ihren Teil zu der Regie der Jahreszeiten bei. Diese prachtvolle Konstellation hat die Aufmerksamkeit und die poetische Phantasie fast jeder Nation der Erde auf sich gelenkt, aber ich habe noch nie von einem Volk gehört, das diese bemerkenswerte Sternengruppe für solch einen praktischen Zweck anwandte. Die Chinesen betrachten die sieben Sterne des Großen Bären als das Gebilde einer natürlichen Uhr. Denn da der Korpus des Großen Bären in Vorzeiten wesentlich näher zum Nordpol stand als heute, schien der Schwanz sich um den Pol zu drehen, etwa wie der Zeiger einer Uhr. Wird die Erdoberfläche als ein Zifferblatt angesehen und der Horizont in vierundzwanzig gleiche Abschnitte unterteilt, während der Schwanz des Großen Bären wie ein Uhrzeiger fungiert, so haben wir eine einfache Methode, um die bereits erwähnten vierundzwanzig Jahreszeiten festzustellen. Wenn der Schwanz des Großen Bären bei Nachteinbruch nach Osten zeigt, ist es für die ganze Welt Frühling. Wenn er nach Süden zeigt, ist es Sommer. Zeigt er zum Westen, dann ist es Herbst, und wenn er nachts nach Norden zeigt, so ist es Winter. Das Licht dieser sieben Sterne soll ferner einen großen Einfluss auf die Erde und all ihre Bewohner ausüben. Diese sieben Sterne werden deshalb, zusammen mit der Sonne und dem Mond, die neun Leuchten der Welt genannt.

Es gibt einen weiteren Satz Sterne, genannt »die neun Sterne der Gruppierung«, die ebenso von großer Wichtigkeit für die Feststellung von glücklichen oder unglücklichen Aspekten eines gegebenen Ortes und deren nachfolgenden Einfluss auf das Schicksal der Menschen sind. Diese neun Sterne werden in jedem chinesischen Almanach oder Kalender detailliert beschrieben, aber es ist schwierig, ihre Position am Himmel festzustellen. Sie werden zwar »die neun Sterne der nördlichen Gruppierung« genannt, aber diese Bezeichnung gilt manchmal dem Großen Bär, manchmal dem Nordpol oder auch einer der achtundzwanzig Konstellationen, die Gruppierung genannt werden. Aber ihr Position am Himmel ist von geringer Wichtigkeit – manche Autoritäten sagen sogar, sie hätten gar keinen festen Platz, sondern bewegten sich frei in der Atmosphäre – denn jeder Einzelne von ihnen hat sein Gegenstück oder seinen Vertreter auf der Erde in Form von Bergen, und es ist die Aufgabe und Kunst des Geomanten, festzustellen, welche Bergspitze oder welcher Hügel dem einen oder anderen dieser neun Sterne entspricht. Jeder von ihnen hat sein eigenes, festes Verhältnis zu einem der fünf Elemente oder einem der bereits erwähnten acht Diagramme.

Der nächste Punkt, der bedacht werden soll, ist der Einfluss, den Himmel sowie Erde auf Menschen ausüben. Die hauptsächlichen Medien, durch die der Himmel, und insbesondere die fünf Planeten, auf alle lebenden Kreaturen einwirken, sind die fünf Elemente der Natur. Unter diesem Begriff dürfen wir jedoch nicht fünf materielle Substanzen verstehen, die chemisch unlösbar sind, sondern stattdessen spirituelle Essenzen, jede charakteristisch unterschiedlich von der anderen und den fruchtbaren Ursprung aller materiellen Stoffe bildend. Diese fünf Elemente sind Holz, Feuer, Erde, Metall und Wasser. Das erste ist das Medium des Jupiter, das zweite das des Mars, das dritte das des Saturn, das vierte das der Venus und das fünfte das des Merkur. Es ist aber auch wichtig, die gegenseitigen Relationen der fünf Elemente zueinander zu betrachten, denn sie produzieren und zerstören sich gegenseitig, wenn sie in gewisse Verbindungen gebracht werden. Holz produziert Feuer, Feuer produziert Erde, Erde produziert Metall, Metall produziert Wasser, Wasser produziert Holz. Andererseits zerstört Metall Holz, Holz zerstört (absorbiert) Erde, Erde zerstört (absorbiert) Wasser, Wasser zerstört Feuer, Feuer zerstört Metall. Wiederum sollte bedacht werden, dass Holz im Osten reichlich vorhanden ist, Metall im Westen, Wasser im Norden, Feuer im Süden, während Erde in dem Zentrum zwischen den Kardinalpunkten vorherrscht. Auch sollte vor Augen behalten werden, dass Holz im Frühling regiert, Feuer im Sommer, Metall im Herbst, Wasser im Winter und Erde in den letzten achtzehn Tagen jeder Jahreszeit.

Auf diesem Wege breitet sich der fünffache Einfluss der Planeten aus und regiert die gesamte Natur, wie zum Beispiel die fünf Bestandteile des menschlichen Rahmens: Muskeln, Adern, Fleisch, Knochen, Haut und Haar; die fünf internen Teile oder inneren Organe, die da wären Herz, Leber, Magen, Lunge und Nieren; die fünf Farben: weiß, schwarz, rot, blau und gelb; die fünf Glücke: Reichtum, Ehre, Langlebigkeit, Kinder und ein friedlicher Tod; die fünf gesellschaftlichen Beziehungen: Prinz und Minister, Vater und Sohn, Ehemann und Ehefrau, ältere und jüngere Brüder und Freunde.

Zusätzlich zu dem Einfluss, den, nach den Gesetzen der Natur, Himmel und Erde auf die Schicksale von Lebewesen ausüben, sollten Gesetze berücksichtigt werden, die den Einfluss der Geister der Toten auf die Lebenden regeln. Dies ist eine Lehre, die uns fremdartig erscheint, die aber in sich nichts Unlogisches für den Chinesen enthält, der es gewohnt ist, die Geister seiner Ahnen zu verehren, von denen er annimmt, dass sie andauernd nah um ihn herumschweben, und denen er deshalb jedes Vorkommen innerhalb seiner Familie formell ankündigt und Opfergaben von Fleisch und Getränken darbringt. »Meine eigenen tierischen Geister«, sagt der Kommentator der Analekten des Konfuzius, »sind die tierischen Geister meiner Vorfahren. Wenn ich meinerseits bis zum Äußersten meine Aufrichtigkeit und meinen Respekt in ihrer Verehrung ausübe, dann sind die Geister meiner Ahnen bei mir gegenwärtig. Eben so wie ein Getreidehalm; wenn die ursprüngliche Pflanze abgestorben ist, erscheinen seitlich davon neue Wurzeln – und verbinden somit den identischen wirklichen Geist herab von den vergangenen Generationen zu der Gegenwart.« Obwohl wir von Himmel und Erde sprechen, sagte Choo-he, ist da in Wirklichkeit nur ein Atem (Geist), der sie aufrecht hält. Obwohl wir von Individuen sprechen und eins von dem anderen unterscheiden, ist da in Wirklichkeit nur ein Atem, der sie alle belebt. Mein eigener Atem (Geist) ist der gleiche Atem (Geist) wie der meiner Vorfahren.

Diese Idee der organischen Einheit – nein, Identität – der geistigen Basis des Lebens in der Natur und Leben in Individuen war ein beliebtes Diskussionsthema des Choo-he und anderer Philosophen der Sung-Dynastie. Laut dieser heute universell einflussreichen Schule besitzt die menschliche Seele eine zwiefältige Natur und führt sozusagen ein doppeltes Leben. Sie erkennen einen Animus und eine Anima. Ersterer ist die Energie der menschlichen Natur, die das männliche Prinzip verkörpert. Der Atem des Animus ist der Atem des Himmels. Andererseits ist die Anima die Fülle oder, sozusagen, die Überfülle der kontrahierenden (weiblichen) Energie der Natur. Der Atem der Anima ist der Atem der Erde. Der Animus ist das geistige, die Anima das materielle oder tierische Element der Seele. Wenn, durch die Erschöpfung des Lebensatems der Körper aufgeteilt wird, kehrt der Animus in den

Himmel zurück, die Anima zur Erde. Damit soll gesagt sein, jedes wird wieder in die allgemeinen Elemente der Natur aufgelöst, von denen jedes seinen Ursprung hatte und deren vorübergehende Verkörperung beide Teile innerhalb der Sphäre eines individuellen Lebens waren. Die Seelen verstorbener Vorfahren sind daher so allgegenwärtig wie die Elemente der Natur, wie selbst Himmel und Erde. So wurde den Chinesen gelehrt, sich selbst als andauernd von einer Geisterwelt umgeben anzusehen, die tatsächlich unsichtbar und nicht greifbar, jedoch deshalb nicht minder wirklich, nicht minder einflussreich ist.

Nun, das einfache Volk hat die Vorstellung, die zweifellos lediglich eine popularisierte Anwendung der oben erwähnten philosophischen Behauptungen darstellt, dass die Seelen der Vorfahren aufgrund ihrer animalischen Natur für einige Zeit sozusagen angekettet bleiben an die Grabstätten, in der ihre Körper beigesetzt sind, während sie sich, dank ihrer spirituellen Natur, gezwungen fühlen, sich in der Nähe der Wohnstätte ihrer Nachkommen aufzuhalten. Es ist daher nur eine natürliche und logische Schlussfolgerung anzunehmen, die Geschicke der Lebenden hingen zu einem gewissen Grad von den günstigen Situierungen der Gräber ihrer Vorfahren ab. Ist das Grab so platziert, dass der tierische Geist des Verstorbenen, der dort wohnen soll, sich wohl fühlt, frei von störenden Elementen, sodass die Seele ungehinderten Eingang und Ausgang hat, so werden die Geister der Vorfahren ihren Nachkommen gegenüber positiv eingestellt sein, werden in der Lage sein, sie ständig zu umgeben und bereit sein, sie mit allen Segen, die für die Geisterwelt erreichbar sind, zu überhäufen. Der Glaube an den Einfluss der Toten auf die Lebenden ist so tief eingefleischt, dass Chinesen, die in die Gnade von Ausländern gelangen möchten, sich tatsächlich zu den Friedhöfen Hongkongs im Tal des Glücks begeben, um dort an den Gräbern von Ausländern Opfer zu bringen, in der Annahme, dass die Geister der dortigen Toten, zufrieden gestellt durch ihre Verehrung und Opfergaben, die Geister der Lebenden beeinflussen würden und so ein gegenseitiges gutes Verständnis zwischen allen Beteiligten hervorgerufen würde.

Selbstverständlich gibt sich daher jeder Chinese die größte Mühe, die Grabstätten seiner Verwandten so zu plazieren, dass kein Stern oder Planet darüber, kein irdisches Element darunter, kein Atem oder subtiler Einfluss der Natur, keine Übel androhende Gestaltung von Hügeln oder Auen den ruhigen Schlaf der Toten stören möge, denn davon hängen die Geschicke und Missgeschicke der Lebenden ab. Es ist daher wichtig, die Regeln zu kennen, nach denen der günstigste Fleck für ein Grab gefunden werden kann. Da die Eignung eines Ortes als beste Wahl für eine Grabstätte hauptsächlich von einem glücklichen Zusammentreffen sämtlicher himmlischen und irdischen Elemente abhängt, ist es klar, dass die Methode, mit der die geeignetste Stelle für eine Grabstätte gefunden wird, auch anwendbar ist für das Aussuchen eines guten Standortes für ein Wohnhaus oder Unterkunft. Dieselben Einflüsse, die sich auf die tierischen Geister der Toten auswirken, beeinflussen auch die Lebenden.

Wir haben es hier jedoch mit allgemeinen Prinzipien zu tun, und ich werde die Regeln, die für diesen Zweck angewendet werden, so kurz wie möglich schildern.

Vorerst muss verstanden werden, dass sich in der Erdkruste zwei verschiedene, ich würde sagen, magnetische Strömungen befinden, die eine männlich, die andere weiblich; die eine positiv, die andere negativ; eine günstig, die andere ungünstig. Die eine wird allegorisch der Azurblaue Drachen genannt, die andere der Weiße Tiger. Der Azurblaue Drachen muss sich immer links, der Weiße Tiger immer rechts von einem Standort befinden, der eine Glück bringende Stelle enthalten soll. Daher muss also der Geomant bei der Ausschau nach einer günstigen Lage zunächst den echten Drachen finden und sein Pendant, den Weißen Tiger, die beide durch gewisse Erhebungen im Boden zu erkennen sind. Drachen und Tiger werden immer wieder mit den oberen und unteren Teilen eines Männerarmes verglichen: der günstige Ort muss in der Biegung des Armes gesucht werden. Mit anderen Worten, in dem Winkel, der von Drachen und Tiger gebildet wird, genau dort, wo die beiden (magnetischen) Strömungen, die sie einzeln darstellen, einander überqueren, könnte der Glück bringende Standort für eine Grabstätte oder ein Haus gefunden werden. Ich sage *könnte* dort gefunden werden, denn, außer dem Zusammentreffen von Drachen und Tiger muss dort auch eine friedvolle Harmonie aller himmlischen und irdischen Elemente vorhanden sein, die diesen spezifischen Ort beeinflussen. Dies wird durch Betrachtung des Kompasses und seiner Anzeige der numerischen Proportionen festgestellt sowie durch das Untersuchen der Strömungen der Gewässer.

Zur Erläuterung darf ich bemerken, dass die günstige Lage der Stadt Kanton darin besteht, dass sie genau in dem Winkel platziert ist, den zwei Hügelketten bilden, die in sanften Biegungen zum Bogue hin verlaufen, wo sie fast aufeinander treffen und ein vollständiges Hufeisen formen. Die Hügelkette, die Weiße Wolken genannt wird, stellt den Drachen dar, während der wellenförmige Boden auf der anderen Seite des Flusses den Tiger erkennen lässt. Die günstigste Stelle Kantons ist daher der Boden nahe den Nordtoren, wo Drachen und Tiger nach rechts und links fortlaufen. Denn die Glück bringendste Stelle, sagen die Feng Shui Bücher, ist wie eine bescheidene Jungfrau und liebt die Zurückhaltung. Es ist daher eine der ersten Regeln, im Zweifelsfall in einem Winkel nach einem glücklichen Standort zu suchen.

Eine weitere Regel besagt, dass es unmöglich ist, auf völlig eintönigem Boden, auf einer ununterbrochen planen Ebene oder an abwechslungslosen, steilen Hängen, wo es keine Anzeichen von Drachen oder Tiger gibt, je einen guten Standort zu finden. Eine dritte Regel gebietet, die Merkmale von männlichem und weiblichem Boden zu beachten. Kühn hochragende Erhebungen werden als männlich bezeichnet, während unebener, sanft welliger Boden weiblich genannt wird. Auf Boden, der von männlichen Eigenschaften beherrscht wird, ist der glückliche Standort einer mit weiblichen Eigenschaften, die entweder dem Auge sichtbar sind oder vom Kompass angezeigt werden, während in einer Gegend, die insgesamt als weiblicher Boden eingestuft werden würde, der Standort für eine Grabstätte oder ein Haus Anzeichen dafür haben sollte, dass dort das männliche Prinzip herrscht. Jedoch die günstigsten Voraussagen gehören einem Ort, an dem ein Übergang von männlichem zu weiblichem oder von weiblichem zu männlichem Boden stattfindet und die Umgebung – wie vom Kompass angezeigt – männliche sowie weibliche Eigenschaften in den richtigen Verhältnissen enthält, welche die Feng-Shui-Bücher als drei Fünftel männlichen zu zwei Fünftel weiblichem Boden angeben. Wo jedoch die weiblichen Anzeichen die männlichen übertreffen, gibt es unheilvolle Einflüsse, die alle anderen günstigen Gestaltungen unwirksam machen.

Letztlich muss die Stelle, die nach Beachtung aller vorhergegangenen Regeln für eine Grabstätte oder eine Gruft ausgewählt wird, ausnahmslos trocken sein und frei von weißen Ameisen, denn Letztere sind das Grauen der Lebenden und der Toten.

Dieses sind lediglich allgemeine Prinzipien, deren Anwendung wir demnächst im Einzelnen betrachten werden, wenn wir den Kompass behandeln müssen als Indikator der numerischen Proportionen des Atems und der Formen der Natur.

Ein Geomant der späteren Ch'ing-Dynastie benutzt seinen Kompass, um die Eigenschaften eines möglichen Bauplatzes festzustellen.

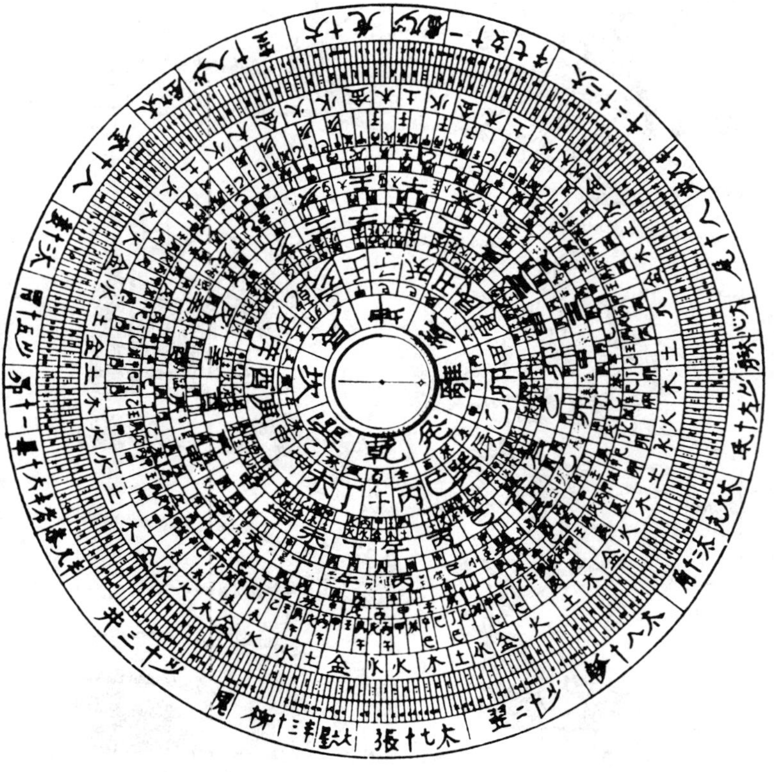

Geomantischer Kompass oder »lo p'an«.
Vereinfachte Versionen bestanden teilweise aus nur 7 Ringen, aber es gab auch seltene Exemplare mit bis zu 38 Ringen.

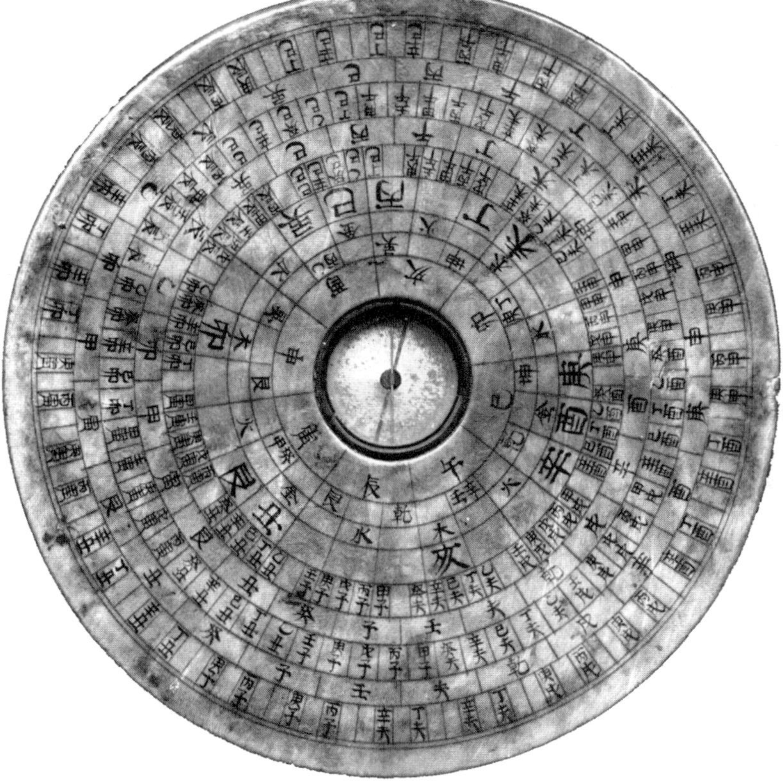

Geomantischer Kompass oder »lo p'an«.
(Sammlung Exner)

3. Kapitel

Die numerischen Proportionen der Natur

Ich fahre nun fort, die zweite Unterteilung des Systems des Feng Shui zu betrachten, genannt Su oder die numerischen Proportionen der Natur. In Anbetracht des Himmels, des andauernden Wechsels zwischen Tag und Nacht, der Anzahl und der Verteilung der Himmelskörper, Scharen davon im Weiterzug, jeder in schneller Bahn und doch nie sich gegenseitig störend – ich sage, dass, in der Betrachtung dieser vielfältigen und dennoch harmonischen Einheit es dem chinesischen Betrachter einfiel, dass es an der Basis dieses Großen Planes des Himmels mathematische Prinzipien gibt; dass sämtliche Himmelskörper in einem gewissen numerischen Verhältnis existieren und sich bewegen. Wiederum, in Anbetracht unserer Erde mit ihren konstanten Umdrehungen des Sommers und Winters, Frühlings und Herbstes, von Wachstum und Verfall, Leben und Tod, bemerkten die Chinesen, dass hier dieselbe mathematische Ordnung wiederholt wird, dass die Erde nur eine Spiegelung des Himmels ist, die grobe materielle Verkörperung der idealen mathematischen Probleme, welche auf das Firmament des Himmels skizziert sind.

Nun, um dieses Schema der numerischen Proportionen, das Himmel und Erde verbindet und zusammenhält, zu illustrieren und zu verstehen, erfanden die Weisen des vorzeitlichen China gewisse Diagramme. Ich messe der Geschichte keine Glaubwürdigkeit bei, wonach Foo-he ein Drachenpferd aus dem Fluss steigen sah, welches auf seinem Rücken die geometrischen Zeichnungen des großen Schemas von Himmel und Erde trug, dargestellt in Diagrammen und Kreisen, die von den Locken der Haare gebildet wurden. Aber die Tatsache scheint unanfechtbar, dass in den zurückliegenden Zeiten des chinesischen Altertums gewisse Diagramme benutzt wurden, um die numerischen Proportionen des Universums zu illustrieren. Es macht keinen Unterschied, wer es war, der als Erster das Schema von Diagrammen erfand, keinen Unterschied, ob er es sich aus dem eigenen Gehirn filterte oder darauf kam, indem er über die konfusen Linien auf dem Rükken einer Schildkröte nachsann. Die Tatsache bleibt, dass die Chinesen vor mehr als 2000 Jahren ein Schema von Diagrammen besaßen und gebrauchten, das im Wesentlichen dasselbe ist wie jenes, das bis zum heutigen Tage von Ignoranten und Abergläubigen benutzt wird und als Glücksbringer von unschlagbarer Wirksamkeit auch oft über Haustüren hängt. Wie immer dieser Satz aus acht Diagrammen ursprünglich erstellt worden sein mag, ob synthetisch oder analytisch, der Weg seines Ursprungs wurde im Nachhinein so erklärt.

Indem das überlegene, kreative männliche Prinzip durch eine Linie dargestellt wird und das entsprechende weibliche Prinzip durch eine unterbrochene Linie, die dann miteinander multipliziert und kombiniert werden, ergeben sich vier Diagramme:

1. ⚌ Zwei parallele Linien, die das große männliche Prinzip darstellen.
2. ⚏ Zwei parallele Linien, jede in zwei geteilt, die das große weibliche Prinzip darstellen.
3. ⚎ Eine in zwei geteilte Linie, mit einer parallelen Linie darunter, das kleine Männliche genannt.
4. ⚍ Eine ungeteilte Linie, mit einer parallelen, in zwei geteilten Linie darunter, das kleine Weibliche genannt.

Das große männliche Diagramm wurde dann als das Symbol der Sonne genommen sowie der Hitze, des Intellekts, der Augen usw. Das große weibliche Diagramm wurde als das Symbol der Planeten betrachtet wie auch der Nacht, des Körpers, des Mundes usw., während das kleine männliche Diagramm den Mond, die Kälte, die Leidenschaften, die Ohren und anderes darstellte und das kleine weibliche Diagramm die Sterne, das Tageslicht, die Form, die Nase, usw. darstellte.

Indem diese vier Diagramme in allen möglichen Formen miteinander kombiniert wurden, entstand ein weiterer Satz von acht Diagrammen. Er setzt sich geometrisch aus den vorhergegangenen vier Diagrammen zusammen, aber seine primitive Erklärung war wohl, wie ich annehme, auf der heute antiquierten Ansicht basiert, dass die Natur aus den Elementen bestehe. Ich habe bereits mehr als einmal die Aufzählung von fünf Elementen festgehalten – Metall, Holz, Wasser, Feuer und Erde – die jetzt in China aktuell sind. Zu der Zeit, als dieser Satz von acht Diagrammen erfunden wurde, scheint eine durchaus unterschiedliche Aufzählung der Elemente üblich gewesen zu sein. Die Chinesen müssen damals sechs Elemente gezählt haben. Sie benannten sie wie folgt: Donner, Wind, Feuer, Ozean, Wasser und Berge. Wie auch immer, einer der ältesten Klassiker der Chinesen, das Yih-King, erklärt diesen Satz von Diagrammen so:

1. Drei vollständige Linien, die das große männliche Prinzip darstellen, bedeuten Himmel und kennzeichnen den Süden.
2. Drei unterteilte Parallellinien, die das große weibliche Prinzip darstellen, bedeuten die Erde und zeigen nach Norden. Nun folgt das, was meiner Meinung nach die sechs Elemente der Natur anzeigt:

(1) im Osten, zwei vollständige Linien mit einer geteilten dazwischen, Feuer darstellend, denn, sagt das Yih-King, im Trocknen der Vielfalt der Dinge gibt es nichts Dörrenderes als Feuer;
(2) im Westen, zwei geteilte Linien mit einer vollständigen dazwischen, Wasser darstellend, denn im Benetzen der Vielfalt der Dinge gibt es nichts Feuchteres als Wasser;
(3) im Südwesten, zwei vollständige Linien mit einer geteilten an der Innenseite stellen den Wind dar, denn im Herumwirbeln um die Vielfalt der Dinge gibt es nichts Wirksameres als den Wind;
(4) im Nordosten, zwei geteilte Linien mit einer vollständigen an der Innenseite, entsprechend dem Donner, denn beim Aufrühren der Vielfalt der Dinge ist nichts schneller als der Donner;
(5) im Südosten, zwei vollständige Linien mit einer geteilten an der Außenseite, den Dunst oder Ozean darstellend, denn im Befriedigen der Vielfalt der Dinge ist nichts erfreulicher als der Ozean;
(6) im Nordwesten, zwei geteilte Linien mit einer vollständigen an der Außenseite, die Berge darstellend, denn um die Vielfalt der Dinge zum Schluss zu bringen und sie dann fortfahren zu lassen, ist nichts perfekter als die Berge. So, fügt das Yih-King hinzu, indem Wasser und Feuer einander überholen und sich vermischen, sich Donner und Wind nicht entgegenstehen und die Berge und Ozeane von demselben Atem durchdrungen werden, kann die Natur ihre Transformation ausüben und die Vielfalt der Dinge vollenden und vervollkommnen.

Um der Phantasie und der imaginativen Genialität noch weiteren Spielraum zu geben, sind diese acht Diagramme nicht nur so geschaffen, dass sie, wie wir gezeigt haben, mit den acht Punkten des Kompasses übereinstimmen, sondern auch mit acht verschiedenen Jahreszeiten. Sogar ein Satz von acht Tieren ist erstellt worden, um zu den acht Diagrammen zu passen. Vom ersten heißt es, es stelle die Kraft des Pferdes dar, das zweite die Gefügigkeit des Ochsen; vom dritten heißt es, es wäre so lieblich wie der Fasan, das vierte so herabwürdigend wie das Schwein, das fünfte so durchdringend wie Geflügel, das sechste einflussreich wie ein Drachen, das siebente ansprechend wie ein Lamm, das achte treu wie ein Hund.

Um die unzähligen Wechsel und Veränderungen der Natur zu illustrieren, wurden diese acht Diagramme wiederum miteinander multipliziert und nach allen Möglichkeiten kombiniert und so wurde ein weiterer Satz von 64 Diagrammen erreicht, wovon auch jedes einen speziellen Namen hat, eine spezielle Bedeutung und mit speziellen okkulten Tugenden behaftet ist. Diese Entwicklung des ursprünglichen Systems, welches Foo-he zugeschrieben wird, basiert jedoch auf einer unterschiedlichen Anordnung der acht Hauptdiagramme. Das Diagramm für Himmel, welches nach Foo-hes System im Süden platziert war, ist nun dem Nordwesten zugeordnet, während das Feuerdiagramm, welches das ältere System dem Osten zuschrieb, nun den Süden besetzt. In ähnlicher Weise ist jetzt das Erddiagramm, das früher den Norden regierte, nach Südwesten versetzt und seine Stelle erhielt das Wasserdiagramm, das davor den Westen beherrschte. Dementsprechend haben wir, in dieser neuen Anordnung der acht Diagramme des Foo-he, das Diagramm für Wasser im Norden, das des Donners im Osten, das des Feuers im Süden und das für Ozean im Westen. Der Nordosten ist von dem Diagramm für Berge besetzt, der Südosten von dem Wind-Diagramm, während das Diagramm der Erde im Südwesten untergebracht ist und das des Himmels im Nordwesten.

Diese neue Anordnung der ursprünglichen acht Diagramme und besonders deren Entwicklung zu einem Satz von 64 eigenständigen Diagrammen soll von Wen-wang geschaffen worden sein, dem vermeintlichen Gründer der Chow Dynastie, der, während er eine Haftstrafe in Einzelhaft verbrachte, sich unterhielt, indem er Strohhalme auf der Basis dieser acht Diagramme so arrangierte, dass diverse Kombinationen von langen und kurzen Halmen das gesamte Schema von Himmel und Erde darstellen sollten, durchsetzt von den männlichen und weiblichen Prinzipien.

Wir können ohne weiteres glauben, dass die Chinesen auf der Suche nach einem Erfinder dieser phantasievollen Theorie auf den Gedanken kamen, niemand außer einem Mann, der von der Welt abgeschlossen, dessen Verstand durch Einzelhaft verseucht ist, habe ein so tatsächlich geniales und wundervoll einfallsreiches System ausarbeiten können, das jedoch jeglicher praktischen Betrachtung der Natur so vollkommen entbehrt.

Diese Abwesenheit einer unmittelbaren Verbindung mit Tatsachen, die durch das Beobachten der Natur festgestellt wurden, sowie deren fehlende praktische Anwendung wurde natürlich immer deutlicher, je mehr die Chinesen in ihren Kenntnissen der Astronomie wie auch der anderen Zweige der Naturwissenschaften voranschritten. Das uralte System der Diagramme, das auf der antiquierten Theorie von sechs irdischen Elementen beruht, sieht keinen Spielraum für den Einfluss der fünf Planeten vor, die in späteren Zeitaltern einen fast vorrangigen Einfluss auf die Schicksale der Menschen ausüben sollten.

Die fünf Planeten scheinen sogar zur Zeit des Konfuzius noch unbekannt gewesen zu sein, jedenfalls werden sie nie in den chinesischen Klassikern erwähnt. Demzufolge haben die

Philosophen der Sung-Dynastie die alten Diagramme beibehalten, als sich herausstellte, dass das alte System nicht zu ihren populären Ansichten über Astronomie passte und sie dennoch zu viel Ehrfurcht vor dem heiligen Rost des Altertums empfanden, um das System insgesamt zu verwerfen. Aber sie fügten die Diagramme in ein System ein, das auf der Idee basierte, dass die fünf Planeten (Venus, Jupiter, Merkur, Mars und Saturn) und die fünf korrespondierenden irdischen Elemente (Metall, Holz, Wasser, Feuer und Erde) sozusagen die prinzipielle Lösung des großen Mysteriums des Lebens enthielten. Sie schrieben den fünf Planeten eine zentrale Position zu, und von dieser Basis ausgehend, auf der Suche nach den numerischen Proportionen des Universums, kamen sie zu dem Schluss, dass alle Himmelskörper und sämtliche Kräfte und Einflüsse des Himmels nach dem Dezimalsystem geordnet sind.

In der Anwendung der alten sechs Elemente, die in den Plan der vier und acht Diagramme hineinkommen und die tatsächlich ausschließlich Bezug auf die Erde und nicht den Himmel haben – in der Anwendung, sage ich, dieser uralten Sätze aus vier Diagrammen und aus acht Diagrammen auf ausschließlich irdische Verhältnisse kamen sie zu dem Schluss, dass sämtliche Formationen der Erde, alle irdischen Verhältnisse, auf dem Duodezimalsystem basieren. Also erfanden sie einen Satz aus zehn symbolischen Zeichen oder Ziffern, die die Geheimnisse des Himmels erklären sollten, und nannten sie die Zehn Himmlischen Stämme.

Dann entwarfen sie eine weitere Serie von zwölf symbolischen Zeichen oder Ziffern, gebrauchten sie als die mathematischen Schlüssel zur Lösung sämtlicher auf die Erde bezogenen Probleme und nannten sie die Zwölf Irdischen Zweige. Zusätzlich unterscheiden sie bei den Zehn Himmlischen

Stämmen sowie bei den Zwölf Irdischen Zweigen zwischen den geraden und ungeraden Zahlen. Den Regeln des Yih-King gehorsam bleibend, erklärten sie alle ungeraden Zahlen als auf das männliche Prinzip in der Natur bezogen und ordneten die geraden Zahlen dem weiblichen Prinzip zu. Zusätzlich unterteilten sie, auch hier unter Übernahme des uralten Systems, die Zehn Himmlischen Stämme in fünf Paare und ließen jedes Paar nicht nur einem der fünf Elemente entsprechen, sondern auch einem der fünf Planeten.

Die Zwölf Irdischen Zweige ließ man die bereits erwähnten zwölf Zeichen des Tierkreises bedeuten sowie auch die zwölf Punkte des chinesischen Kompasses und die zwölf Unterteilungen des Tages (jede Unterteilung stellte zwei Stunden dar). Ferner, durch das Kombinieren der beiden Serien und das Zusammenfügen des ersten der Zwölf Irdischen Zweige mit dem ersten der Zehn Himmlischen Stämme, dann der zweiten der Serien, usw., sodass die Zehn Stämme sechsmal und die Zwölf Zweige fünfmal durchgearbeitet wurden, erlangten sie einen Satz von 60 zyklischen Zeichen, die verwendet wurden, um aufeinander folgende Tage und Jahre zu kennzeichnen und, mit sechs multipliziert, die 360 Grade der Sonnenbahn ergaben.

Hier haben wir dann eine Serie von logarithmischen Formeln, die geschickt entworfen war, um alle numerischen Proportionen zu umfassen, welche die Chinesen dem Universum zuschreiben, und verschlungen genug, um jeden herkömmlichen Verstand zu verwirren und durch ihren mysteriösen Inhalt die ignorante Masse des Volkes in Ehrfurcht zu versetzen. Die geschickte und geniale Manipulation eines solchen Systems ermöglicht es einem Mann natürlich, die abergläubige Menge zu beeindrucken, und dementsprechend stellen wir fest, dass die diversen Künste der Weissagung in China –

Astrologie, Geomantie, Wahrsagen, Phrenologie, Chiromantie und so weiter – alle auf diesem Nummernsystem basieren. Für geomantische Zwecke, und nur mit denen haben wir hier zu tun, sind alle oben erwähnten Diagramme und Serien von Berechnungen zwecks praktischem und handlichem Gebrauch in Gestalt eines Kompasses kombiniert, mit einer magnetischen Nadel in der Mitte und all den verschiedenen Diagrammen und zyklischen Zeichen samt allen Elementen, die in die Berechnungen einbezogen werden, in konzentrischen Kreisen eingetragen, die auf dem Bett um die Nadel angeordnet sind.

Die Verwendung der magnetischen Nadel deutete mir die Möglichkeit an, dass die Chinesen eventuell etwas an empirischem Wissen über den Erdmagnetismus besitzen könnten sowie über die Anwendung der magnetischen Nadel um Deklination, Inklination und Intensität der magnetischen Strömungen zu beobachten, die durch die Erdkruste fließen und heutzutage aufmerksam von modernen Meteorologen in Amerika und Europa studiert werden. Aber ich bedaure sagen zu müssen, dass es mir nicht gelungen ist, auch nur das Geringste an empirischem Wissen über die Tatsache ausfindig zu machen, dass ein frei hängender Magnet durch seine Bewegungen die Inklination, Deklination und Intensität der magnetischen Strömungen in der Erde anzeigt.

Um mit dem äußersten der Kreise anzufangen, die auf der Kompassplatte eingezeichnet sind, sehen wir diesen Kreis (XVIII) in 28 Abschnitte von ungleichen Größen unterteilt, auf denen die Bezeichnungen der 28 Konstellationen zu lesen sind, die der Mond auf seiner Bahn passiert, mit der Anzahl der Grade, die jede Konstellation belegt. Dieser Kreis stellt also die Umlaufbahn des Mondes dar und seine Anwendung soll nicht nur den allgemeinen Einfluss des Mondes feststellen, sondern auch den Einfluss, den jede einzelne Konstellation an einem gegebenen Ort ausüben soll. Jeder chinesische Kalender bietet eine Serie von 28 Tabellen, die minuziöse Erläuterungen der geomantischen Beziehungen, die jeder Konstellation zugeschrieben werden, enthalten, aber es wird hier genügen festzustellen, dass fünfzehn von ihnen im Kalender als unglücklich eingestuft werden und dreizehn als glücklich. Um es dem Geomanten jedoch zu ermöglichen, die günstigen oder ungünstigen Mondeinflüsse auf jede beliebige Ortschaft mit völliger Genauigkeit zu bestimmen, stellt der nächste Kreis (XVII) nochmals die Umlaufbahn dar, jedoch unterteilt in 360 Grad, von denen einige als Glück bringend gekennzeichnet sind, während auf dem nächsten Kreis (XVI) die aufeinander folgenden ungleichen Zahlen von 366 Grad markiert sind, die den 28 Konstellationen des Kreises XVII entsprechen und es dem Geomanten ermöglichen, in Bezug auf jeden Zoll des Bodens unter Berücksichtigung jedes Tages des Jahres festzustellen, ob dort das weibliche oder männliche Prinzip vorherrscht, denn die ungeraden Zahlen stellen das männliche dar und die geraden (diese Felder sind unbeschriftet) das weibliche Prinzip.

Weiter zur Mitte ist der nächste Kreis (XV) in 60 Abschnitte unterteilt. Er soll den Einfluss der fünf Planeten in ihrem Verhältnis zu den fünf Elementen Metall, Holz, Wasser, Feuer und Erde verdeutlichen. Diese fünf Begriffe sind der Reihe nach in dem Kreis in verschiedenen Kombinationen eingezeichnet, einmal zerstören sie sich, ein anderes Mal sind sie sich gleichgültig, dann wiederum produzieren sie sich gegenseitig und so fort. Jedes Element kommt zwölfmal vor, jedoch ist das Element Holz an einer Stelle eingeschoben, wo es mit dem Element Feuer zur rechten und linken zwei Grad einnimmt, die den zehnten und elften Graden der Konstellation »Nördliche Gruppierung« (sechs Sterne in Schulter und Bogen des Schützen) entsprechen.

Der Geomant, der sich auf irgendeine spezifische Stelle bezieht, ist so befähigt, nicht nur zu sagen, durch welche Planeten sie beeinflusst ist, sondern auch, ob das dort herrschende irdische Element in Harmonie mit den Elementen ist, die rechts und links davon herrschen. Nehmen wir einmal an, ein gewisser Ort wird von dem Kompass als unter dem Einfluss des Mars stehend bestimmt. Nun, das entsprechende irdische Element ist Feuer. Also, wenn der Kompass jetzt Holz zur linken und Wasser zur rechten anzeigt, sind die Vorzeichen sehr schlecht, denn Wasser zerstört Feuer und Feuer zerstört Holz. Aber nehmen wir an, der Kompass zeigt das Element Erde links des Elementes Feuer an und rechts das Element Holz, so wäre dies eine günstige Verbindung, denn Holz produziert Feuer und Feuer produziert Erde. Die Elemente sind an manchen Stellen jedoch so arrangiert, dass sie sich der Reihe nach gleichgültig zueinander befinden, sich weder gegenseitig zerstörend noch produzierend, was natürlich auch als günstige Verbindung gedeutet wird.

Der nächste Kreis (XIV) wird von zwei konzentrischen Zeichenreihen gebildet, die in 60 Abschnitte unterteilt sind. Die innere Reihe der Zeichen bietet dreizehn verschiedene Kombinationen der Zehn Himmlischen Stämme, so angeordnet, dass jedes Zeichen gleichzeitig ein gewisses Element bedeutet sowie entweder eine gerade (weibliche) oder eine ungerade (männliche) Zahl. Jede dieser dreizehn Kombinationen von Elementen (oder Planeten) beginnt mit dem Element Holz (bzw. dem Planeten Jupiter) und abwechselnd der Zahl 1 (männlich) und dann der Zahl 2 (weiblich). Nur die zwölfte Kombination, die mit dem Element Feuer (bzw. dem Planeten Mars) und der Zahl 3 (männlich) beginnt, bildet eine Ausnahme. Von den dreizehn Kombinationen enthalten acht die vollständige Serie der Elemente (oder Planeten) in der Reihenfolge, in der sie sich produzieren (Holz, Feuer, Erde, Metall, Wasser). Die übrigen fünf Kombinationen enthalten je vier Elemente (bzw. Planeten). Drei dieser Kombinationen geben die Elemente in Paaren wieder, in der Reihenfolge der Erstellung. Nur zwei Kombinationen beinhalten die Elemente (Planeten) in Paaren, deren Elemente (Planeten) sich in einem Paar produzieren und in dem anderen zerstören. Die dazugehörige äußere Reihe von Zeichen, in zwölf Abschnitte unterteilt, fügt jeweils fünf Zeichen des inneren Kreises eines der zwölf Tierkreiszeichen hinzu, in fünffacher Wiederholung. Dementsprechend enthält jeder der zwölf Abschnitte dieses Kreises in der äußeren Linie ein Tierkreiszeichen, das in Verbindung mit fünf verschiedenen Elementen (bzw. Planeten) in der inneren Linie gebracht wird, aber in jedem Tierkreiszeichen ist die Anordnung und das gegenseitige Verhältnis der Elemente (Planeten) unterschiedlich.

Auf dem weiteren Weg zur Mitte ist der nächste Kreis (XIII) in 60 Abschnitte unterteilt und enthält 48 Zeichen, von denen sich jedes auf ein anderes Symbol dieser berühmten 64 Diagramme des Wen-wang bezieht, die ich vorher bereits erwähnte. Aber unter diesen 48 verschiedenen Diagrammen gibt es sechs, die den Satz der acht Diagramme bilden, also Erde, Ozean, Feuer, Donner, Wind und Berge, und hier zweimal aufgeführt sind, an verschiedenen Stellen. Sechs weitere, die nicht zu dem Satz der acht Diagramme gehören, werden nebeneinander stehend zweimal aufgeführt. Für die Erklärung dieser 48 Diagramme wendet sich der Geomant an die Tabelle, die in jedem Kalender vorhanden ist, in der jedes einzelne Diagramm aufgezeigt ist und die für geomantische Zwekke günstigen und ungünstigen Tage genannt werden.

Der nächste Kreis (XII) ist in 24 Abschnitte aufgeteilt, von denen jeder wiederum in fünf Kästchen unterteilt ist. Die zweiten und vierten Kästchen in jedem der 24 Abschnitte haben eine doppelte Reihe von Zeichen rundum eingeschrieben. Die innere Linie der Zeichen zeigt abwechselnd durch jeden Abschnitt, einmal die beiden Symbole für Feuer (ping-ting) – die auch die Zahlen 3 (männlich) und 4 (weiblich) bedeuten – und dann die beiden Symbole für Metall (kang-sin) – beziehungsweise die Zahlen 7 (männlich) und 8 (weiblich) – die in jedem Abschnitt zweimal wiederholt werden, sodass die Serie »ping-ting ping-ting, kang-sin kang-sin« lautet. In der entsprechenden äußeren Linie werden die Zwölf Irdischen Zweige oder Tierkreiszeichen unter den oben erwähnten Symbolen in zwölf Abschnitten dargestellt, wobei in jedem Abschnitt ein Tierkreiszeichen viermal mit identischen Zeichen wiederholt wird. Der Zweck dieses Kreises ist es daher, rundherum die zwölf Zeichen des Tierkreises mit einem der beiden Elemente Feuer oder Metall oder mit den Planeten Mars oder Venus sowie auch mit gewissen männlichen und weiblichen Zahlen zu verbinden.

Der folgende Kreis (XI) ist identisch mit einem anderen, dem VIII. von der Mitte aus gesehen, nur sind die darin eingeschriebenen Zeichen so angebracht, dass zum Beispiel das Symbol, das Norden bedeutet, in dem einen Kreis links und in dem anderen rechts von der Linie steht, die zwischen ihnen Norden anzeigt. Nun, in beiden Kreisen, die in 24 Abschnitte unterteilt sind, stehen der Reihe nach einer oder der andere der Zwölf Zweige geschrieben, abwechselnd mit einem oder dem anderen der Zehn Stämme (jedoch ohne die beiden Stämme, die die Erde bedeuten), während nach jeweils fünf dieser Zeichen eines der folgenden vier Diagramme (dem Satz der acht Diagramme entnommen) eingefügt wird:

Die Diagramme für Himmel, Erde, Berge und Wind. Dieser Kreis verbindet daher die zwölf Punkte des chinesischen Kompasses unter gleichzeitigem Bezug auf die Elemente Holz, Feuer, Metall und Wasser mit den Planeten Jupiter, Mars, Venus und Merkur und mit den vier geomantischen Prinzipien Himmel, Erde, Berge und Wind.

Der nächste Kreis (X) zeigt die Nebenunterteilungen des Kompasses. Er ist in 60 Abschnitte aufgeteilt, worauf jedoch nicht nur die Orientierungspunkte des Kompasses gezeichnet sind, sondern auch die bereits erwähnten Zehn Himmlischen Stämme und vier geomantischen Prinzipien. Er liest sich zum Beispiel von Osten nach Süden wie folgt: Richtung Osten. 7 (Metall), 3 (Feuer). 3 (Feuer), 7 (Metall). Richtung zwei (Holz). 5 (Erde), 5 (Erde). Richtung OSO 3/4 0. 7 (Metall), 3 (Feuer). 3 (Feuer), 7 (Metall). Richtung Wind. 5 (Erde), 5 (Erde). Richtung SSO 3/4 0. 7 (Metall), 3 (Feuer). 3 (Feuer), 7 (Metall). Richtung Feuer. 5 (Erde), 5 (Erde). Richtung Süden. Die Zahlen 7, 3, 5 bedeuten natürlich Bruchteile von 10, beziehungsweise Unterteilungen des Kompasses. Die Worte 7 (Metall) 3 (Feuer) zum Beispiel bedeuten, dass sieben Zehntel dieser Unterteilung des Kompasses von dem Element Metall regiert werden, und drei Zehntel desselben Raumes von dem Element Feuer.

Diesem Kreis entspricht der nächste (IX), der genauso zwei konzentrische Zeichenreihen hat, die in 60 Abschnitte unterteilt sind. Dieser Kreis mit seinen Zeichen ist identisch mit dem bereits beschriebenen XIV. Kreis und mit einem weiteren, dem V. von der Mitte aus zu zählenden. Lediglich die Inschriften der drei Kreise befinden sich an unterschiedlichen Positionen, sodass zum Beispiel das erste Zeichen des XIV. Kreises (innere Reihe) fast Osten ist, das des V. Kreises fast OSO, während das erste Zeichen des IX. Kreises sich dazwischen befindet.

Der nächste Kreis (VIII) ist deckungsgleich mit dem XI. Kreis in allem außer den Positionen der Zeichen und ergänzt diesen Kreis, indem er die Linie, in der der Einfluss jedes einzelnen Symbols verläuft, prominenter herausstellt.

Der folgende Kreis (VII) ist, wie die Kreise VIII und XI, in 24 Abschnitte unterteilt und jeder Abschnitt stellt eine der 24 Sonnenzeiten dar, das heißt, einen der 24 Zeitabschnitte, die mit dem Tag übereinstimmen, an dem die Sonne in den ersten und fünfzehnten Grad eines Zeichens des Tierkreises eintritt. Dieser Kreis ist daher ein Miniaturkalender. Sein Zweck ist, die Jahreszeit festzulegen, zu der an irgendeinem gegebenen Ort ein Haus errichtet oder eine Grabstätte gebaut werden darf. Da diese 24 Jahreszeiten jedoch nicht nur unter dem Einfluss der Sonne stehen, sondern auch unter dem der fünf Elemente und der fünf Planeten, bezeugen die nächsten zwei Kreise den Einfluss, den diese Elemente und Planeten auf jede der 24 Jahreszeiten ausüben.

Der erste (VI) bringt jeder Jahreszeit eines der zwölf Tierkreiszeichen und zwei Planeten oder Elemente, Feuer (Mars) und Metall (Venus). Der zweite Kreis (V) bringt jedoch nicht nur zwei, sondern alle fünf Elemente und Planeten, zusätzlich zu den zwölf Zeichen des Tierkreises, auf die 24 Jahreszeiten. Dieser Kreis ist in zwölf ausdrückliche Abschnitte unterteilt, die von leeren Stellen getrennt sind. Jeder Abschnitt enthält in der äußeren Reihe der Zeichen ein Tierkreiszeichen, welches fünfmal wiederholt wird, während im entsprechenden Abschnitt des inneren Kreises diverse Himmlische Halme geschrieben stehen. Jedoch sind diese Halme in zwölf verschiedenen Kombinationen arrangiert und stellen, abwechselnd in geraden und ungeraden Zahlen, die diversen Elemente oder Planeten dar.

Der nächste Kreis (IV) ist in 24 gleiche Abschnitte unterteilt, auf denen geschrieben stehen: (1) die zwölf Tierkreiszeichen, wobei die ungeraden Zahlen rot markiert sind, da besonders günstig, d. h. Widder, Zwillinge (die den Weißen Tiger darstellen), Löwe (der den Azurblauen Drachen darstellt), Waage, Schütze und Wassermann; (2) acht der zehn himmlischen Halme, d. h. zwei Zeichen für das Element Wasser, zwei für Holz, zwei für Feuer und zwei für Metall; (3) vier Symbole, die zu den acht Diagrammen gehören, d. h. Himmel (rot markiert), Erde (rot markiert), Wind und Wasser. Dieser Kreis ist in der Essenz identisch mit den VIII. und XI. Ihre Identität wird noch prominenter durch die Gleichheit von Raum und Zeichengröße. Der einzige Unterschied in diesen Kreisen ist, dass die Zeichen in verschiedenen Positionen platziert sind, wodurch die genaue Linie, an der sich der Einfluss jedes Symbols bewegt, noch hervorgehoben wird.

Der nächste Kreis (III) fügt den zwölf Tierkreiszeichen die neun Sterne der Nördlichen Gruppe hinzu, die wir bereits erwähnt hatten. Sie sind hier in 24 Kästchen arrangiert. Einer, »der Brecher der Phalanx« genannt, kommt dreimal vor; drei andere, genannt »der Militärstern«, »der Literarische Stern« und »der Stern der Reinheit«, jeweils viermal; drei weitere, genannt »der Gierige Wolf«, »Offizielle Löhne« und »die Breite Tür«, kommen je zweimal vor; und die übrigen zwei, »der Gehilfe zur linken Hand« und »der Gehilfe zur rechten Hand«, je einmal.

Der folgende Kreis (II) enthält in 24 Abschnitten, von denen jedoch jeder zweite leer gelassen wird, (1) die Diagramme für Himmel, Erde, Berge und Wind, (2) acht Himmlische Halme in Paaren, wobei sich jedes Zeichen auf eine andere Zahl, ein anderes Element oder einen Planeten bezieht. Die Reihenfolge ist so: (1) Wind, Nummer zwei Holz und Nummer drei Feuer, (3) Wind, (4) Erde), (5) Nummer vier Feuer und Nummer sieben Metall, (6) Erde, (7) Himmel, (8) Nummer acht Metall und Nummer neun Wasser, (9) Himmel, (10) Berge, (11) Nummer zehn Wasser und Nummer eins Holz, (12) Berge. Es wird bemerkt worden sein, dass die vier Paare der Elemente (Planeten), die hier erwähnt werden, so arrangiert sind, dass jedes Paar eine gerade (weibliche) und eine ungerade (männliche) Zahl enthält und dass die Elemente (Planeten), auf die sie sich beziehen, sich in der Reihenfolge der Entstehung befinden.

Der erste und innerste Kreis zeigt in acht Abschnitten die Beziehungen von acht Tierkreiszeichen: Löwe, Zwillinge, Schütze, Steinbock, Fische, Krebs, Jungfrau und Waage.

Wenn nun der Kompass in Bezug auf einen gegebenen Ort zu Rate gezogen wird, genügt natürlich nicht einer der achtzehn Kreise, sondern jeder einzelne muss einen Teil zu der Feststellung der günstigen oder ungünstigen Aspekte der infrage stehenden Stelle beitragen. Das Ergebnis ist daher, dass für jeden Fleck eine große Anzahl von verwirrenden Verbindungen aufgezählt werden kann, was bei den Nichteingeweihten den Glauben hervorruft, dass dieser Kompass eine höchst mysteriöse Zusammenstellung von übernatürlicher Weisheit sei. Und ich meine, wir müssen zugestehen, dass es tatsächlich eine clevere Erfindung ist, die das meiste aus einer äußerst rudimentären Kenntnis der Astronomie macht, denn sie umfasst in einer einzigen, überschaubaren Anordnung all die verschiedenen Prinzipien der chinesischen Naturwissenschaften, die männlichen und weiblichen Prinzipien, die acht Diagramme, die Sonnenbahn, die Mondumlaufbahn, die 64 Diagramme, die 360 Längengrade, die Tage des Jahres, die fünf Planeten, die fünf Elemente, die Konstellationen, die zwölf Tierkreiszeichen, die neun Sterne der Nördlichen Gruppe, die

24 Jahreszeiten und die zwölf Punkte des Kompasses.

Das Volk kennt all diese Begriffe namentlich, da es aber ihre Bedeutung nicht kennt, betrachtet es die Begriffe selbst mit einer gewissen Ehrfurcht und nimmt an, dass sie einen mysteriösen, magischen Einfluss ausüben. Der Geomant nun, sich dieses populäre Vorurteil zunutze machend, kommt zu den Leuten mit diesem Kompass in den Händen, von dem der übliche Chinese so gut wie gar nichts versteht. Wenn er seine Beurteilung in Bezug auf irgendeinen gegebenen Ort in einem verwirrenden Gelehrtenjargon abgibt, werden seine apokalyptischen Äußerungen auch dort mit abergläubischer Furcht aufgenommen, wo nicht sehr viel Glaube an das System vorherrscht. Der Geomant selbst weiß sehr wohl, dass seine Weissagungen allesamt reine Raterei sind, gestützt auf was immer er im Verlauf seiner Praxis hat an Erfahrung sammeln können. Aber er weiß auch, dass seine Prophezeiungen manchmal als Konsequenz gerade der Angst verwirklicht werden, die sie einflößen. Obwohl sich seine Voraussagen meistens aufgrund tatsächlicher Geschehnisse als falsch erweisen, tröstet er sich mit dem Gedanken, dass, wenn sein Kompass letztlich das Geld nicht in den Schoß seiner Auftraggeber fließen lässt, dann jedoch mit Sicherheit in seine eigenen Taschen.

Säule am Geisterweg zu den Westlichen Kaisergräbern der Mandschu-Dynastie. Si ling, Provinz Chihli.

Ein von Säulen und Tierstatuen flankierter Geisterweg führt zu den 13 Kaiser-Gräbern der Ming-Dynastie (1368-1644) von Nankóu, Shih san ling, Provinz Chihli.

Die Westlichen Kaisergräber der Mandschu-Dynastie. Der zum Grabtempel führende Geisterweg. Si ling, Provinz Chihli.

Die Westlichen Kaisergräber der Mandschu-Dynastie (1644 - 1911). Brücke im Geisterweg. Si ling, Provinz Chihli.

Die Westlichen Kaisergräber der Mandschu-Dynastie. Der Geisterweg von der Brücke aus. Si ling, Provinz Chihli.

4. Kapitel

Der Atem der Natur

Wir kommen nun zu der dritten Unterteilung des Systems des Feng Shui, die Doktrin des Atems der Natur. Die Natur, wie ich bereits Gelegenheit hatte zu bemerken, wird vom chinesischen Betrachter als ein lebender, atmender Organismus angesehen und wir können daher nicht überrascht sein, zu entdecken, wie die Chinesen ernsthaft den eingesogenen und ausgestoßenen Atem der Natur diskutieren. Tatsache ist, dass in der Unterscheidung dieser beiden Atemzüge, des ausbreitenden Atems, wie sie ihn nennen, und des rückkehrenden Atems, sie fast jedes Phänomen der Natur erklären. Zwischen Himmel und Erde gibt es nichts, das so wichtig ist, so allmächtig und allgegenwärtig wie dieser Atem der Natur. Er zieht in jeden Halm, jede Faser und durch ihn haben Himmel und Erde und jede Kreatur Leben, bewegen sich und haben ihr Sein. Der Atem der Natur ist tatsächlich lediglich die spirituelle Energie der männlichen und weiblichen Prinzipien. So ist am Beginn der Erstarrung des verändernden Atems der Natur der Übergang vom Nichts zum Sein des männlichen Prinzips. Die Erschöpfung des verändernden Atems der Natur ist der Übergang von Sein zu Nichtsein des weiblichen Prinzips der Natur. Als daher am Anfang diese beiden Prinzipien zuerst dem »Großen Absoluten« entsprangen, war es dann, dass der Atem der Natur zum ersten Mal hervorging.

Zu Beginn war das Atmen der Natur konfus und chaotisch, sodass einige Zeit lang Himmel und Erde nicht getrennt waren. Als aber der Atem der Natur zurückkehrte und Einatmen und Ausatmen einander regelmäßig folgten, wurden Himmel und Erde, die männlichen und weiblichen Prinzipien, geteilt und alles in der Natur wurde in seiner angemessenen Ordnung produziert. Sogar jetzt, wann immer der Atem der Natur zuerst fortschreitet oder expandiert, wird so etwas wie ein formloser Fötus kreiert, der den keimartigen Beginn zukünftiger Entwicklung darstellt. Dieser formlose Ursprung von Dingen, da er hell und rein ist, jedoch noch keine bestimmbare Form besitzt, gehört dem Männlichen und kann das überlegene Prinzip der Natur genannt werden. Sobald aber die vorgegebene Form angenommen wurde, präsentiert es sich offen zur Betrachtung und stellt die exakte Form der Dinge dar, in Besitz von Körper, Farbe, Form und Art. Dieses, da es schwer ist, grob und für die menschlichen Sinne erfassbar, gehört dem Weiblichen und kann das unterliegende Prinzip genannt werden, oder, mit anderen Worten, ein vorschreitender und ein rückkehrender Atemzug, die sich regelmäßig ablösen, sind die Bedingung der andauernden Folge von Wuchs und Verfall, Leben und Tod in der physischen Welt.

Die beiden Atemzüge der Natur sind jedoch in der Essenz lediglich ein Atem. Wenn sich die männlichen und weiblichen Prinzipien vereinigen, bilden sie den Beginn der Dinge; wenn sie sich trennen, verursachen sie Verfall, Auflösung und Tod. Manchmal trennen und vereinigen sie sich wieder. So, nach ihrem Abbruch, beginnen sie erneut, welches das Prinzip der Reproduktion darstellt und in der gesamten Natur ohne Unterlass stattfindet. Was den Atem betrifft, der die Menschen durchzieht, so müssen die Energien der Natur hier auch manchmal erschöpft werden, und der Tod ist das, was kein Mensch vermeiden kann. Im Tode steigen die gröberen Teile des Menschen tierischer Seele herab und kehren zur Erde zurück, jedoch die feineren Teile seiner spirituellen Natur verfliegen und verbreiten sich durch die ganze Welt. Sie werden entweder zu einer Wolke oder einem Licht, das gelegentlich erscheint, einem Irrlicht, einer Illusion oder etwas Ähnlichem, oder zu einem duftenden Dunst, der manchmal, niemand weiß wie, die Sinne der Menschen beeinträchtigt und verursacht, dass sie sich träge, traurig und deprimiert fühlen. Also, dieser Atem der Natur mit seinen andauernden Pulsierungen, mit seinem unaufhörlichen Wechsel von Expansion und Kontraktion, zeigt sich in den diversen Zuständen der Atmosphäre in einer sechsfachen Form, da er der Ursprung von Kälte, Hitze, Trockenheit, Feuchtigkeit, Wind und Feuer ist. Diese werden manchmal die sechs Atemzüge der Natur genannt. Diese sechs Atemzüge produzieren dann unter dem vereinten Einfluss der fünf Planeten und der fünf Elemente die 24 Jahreszeiten, die daher auch im Allgemeinen die 24 Atemzüge der Natur genannt werden. Der Atem der Natur, liiert mit dem Element Holz und von Jupiter geführt, produziert Regen; kombiniert mit dem Element Metall und von Venus beherrscht schafft er schönes Wetter; zusammen mit dem Element Feuer und von Mars beeinflusst erzeugt er Hitze; unterstützt von dem Element Wasser und von Merkur regiert produziert er Kälte und mit der Hilfe des Elements Erde und beeinflusst durch Saturn verursacht er Wind. Dieses ist das gesamte System der chinesischen Meteorologie.

Aber die Frage stellt sich jetzt: Wie können wir, einmal abgesehen von den allgemeinen Funktionen des Atems der Natur, in Bezug auf einen gegebenen Fleck feststellen, ob da ein günstiger oder ein ungünstiger oder überhaupt ein Atem herrscht?

Hier bedient sich das Feng Shui System noch einmal der Allegorie des Azurblauen Drachens und des Weißen Tigers. Wir haben vorhergehend bereits bemerkt, dass die Oberfläche der

Erde lediglich eine schwache Spiegelung der Anordnung, Kräfte und Einflüsse des Himmels ist, dass daher jede Anordnung des Himmels sein Gegenstück auf der Erde hat. Wir haben auch festgestellt, dass einer der vier Quadranten des sternenbesäten Himmels, der im Osten oder zur Linken des Betrachters von einem Geist regiert wird, dem Azurblauen Drachen, der sozusagen die geballten Einflüsse von sieben Konstellationen verkörpert. Der westliche oder rechts befindliche Quadrant, der auch aus sieben Konstellationen besteht, wird dargestellt von einem Geist, der der Weiße Tiger genannt wird. Der Azurblaue Drachen und der Weiße Tiger sind daher lediglich Embleme, die auf die subtilen Einflüsse, den Lebensatem der östlichen (männlichen) und westlichen (weiblichen) Teilungen des Firmaments hinweisen. Wo immer der Atem der Natur pulsiert, wird auf der Erde irgendeine sichtbare Bodenerhebung sein. Wo der Atem der Natur durch die Erdkruste verläuft, werden die Venen und Arterien, um sie so zu nennen, auffindbar sein. Aber der Atem der Natur enthält ein zwiefältiges Element, ein männliches und ein weibliches, ein positives und ein negatives, expandierenden und rückkehrenden Atem, der, wie wir es in modernem Englisch ausdrükken würden, zwei magnetischen Strömungen ähnelt, oder, wie die Chinesen es ausdrücken, den Azurblauen Drachen und den Weißen Tiger. Wo ein wahrer Drachen vorhanden ist, wird es auch einen Tiger geben. Die beiden werden auffindbar sein in den Umrissen von Bergen oder Hügeln, die in einer gewundenen, gebogenen Bahn dahinziehen. Ferner werden Leib und Glieder des Drachens erkennbar sein, sogar die tatsächlichen Venen und Arterien seines Körpers, die sich von seinem Herzen als Höhen und Hügelketten fortschlängeln. In der Regel also wird es eine Konzentration des Lebensatems etwa in der Körpermitte des Drachens geben, während im Bereich der Extremitäten der Lebensatem der Natur eher erschöpft sein wird. In einer Entfernung von 20 Li, oder sechs Meilen, heißt es, wird der Atem schwächlich und unwirksam.

Aber sogar in der Nähe des Herzens des Drachens wird der Atem der Natur, wenn er nicht durch umliegende Hügel und Berge gut zusammengehalten wird, zerstreut werden. Ist der Zugang zu einem Standort, der die Vielfalt des Lebensatems genießt, ausgebreitet und zu allen Seiten hin offen, so wird der Atem von keinem Vorteil sein, denn der Wind zerstreut ihn, noch bevor er etwas Gutes bewirken kann. Wiederum, angenommen, es gäbe ein Stück Land voller Lebensatem, der von flankierenden Hügeln bewahrt wird, von denen aber die Gewässer in geraden und schnellen Bahnen ablaufen, auch dort wird der Atem verstreut und vergeudet, bevor er irgendwelchen guten Zwecken dienen kann. Nur dort, wo der Atem der Natur gut zusammengehalten wird, von rechts und links eingeschlossen, wo die Flüsse das Wasser in sich windenden, mühsamen Bahnen forttragen, dort gibt es die besten Anzeichen für ständig spielenden Lebensatem. Der Bau einer Grabstätte oder eines Hauses an einem solchen Ort wird Wohlstand, Gesundheit und Ehre garantieren.

Als allgemeine Regel gilt: Trifft man auf zweifelhaften Boden, der keinen klaren Hinweis auf die Adern des Drachens zeigt, ist es am besten, den verborgensten und abgelegensten Winkel zu suchen, denn in der Abgelegenheit sind Drachen und Tiger am engsten verschlungen und dort konzentriert sich der Atem. Angenommen, es wurde Boden gefunden, wo Drachen und Tiger vollständig durchgezeichnet sind, dann gilt es an der Stelle des Zusammentreffens von Drachen und Tiger eine kleine Mulde oder eine kleine Erhebung zu suchen, oder, kurz gesagt, einen plötzlichen Übergang von männlichem zu weiblichem oder von weiblichem zu männlichem Boden.

Denn der Körper des Drachens und die umliegenden Hügel sollten immer beide, männliche und weibliche, Eigenschaften aufweisen, bis genau zu dem Punkt, wo der Glück bringende Standort ausgewählt werden soll.

Ich habe bislang nur von dem natürlichen und wohltuenden Atem der Natur gesprochen. Es gibt aber auch eine giftige, tödliche Ausströmung des Atems der Natur. Einer der angeblichen Vorteile des Feng Shui Systems ist, dass es darauf hinweist und Menschen vor einer Stätte warnt, wo das Errichten eines Hauses oder einer Grabstätte den Verlust von Leben mit sich bringen würde oder Unheil über verschiedene Generationen. Sehr oft, heißt es, gibt es Stellen, die alle äußerlichen Anzeichen von gutem Drachenboden besitzen und keine sichtbaren Anzeichen für das Vorhandensein von bösartigen Einflüssen haben, und dennoch würde dieser Boden einer Familie unglaubliches Elend und völliges Verderben bereiten, wenn sie es unternähme, dort einen Standort für ein Grab oder ein Wohnhaus zu wählen. In solchen Fällen kann nur der Kompass die Gegenwärtigkeit eines üblen Atems anzeigen, indem er die Disharmonie der planetarischen Einflüsse und die Unstimmigkeit der Elemente verdeutlicht.

Jedoch wird sich die Gegenwärtigkeit eines Verderben bringenden Atems durch äußerliche Anzeichen verraten. Wo immer ein Hügel oder Berg abrupt aus dem Boden emporsteigt, und das in kühnen, geraden Linien, oder ein überaus eckiges raues Aussehen hat, ohne sanft ansteigende Hänge, dort ist gefährlicher Atem vorhanden. Allgemein gesprochen sind alle geraden Linien üble Anzeichen, aber ganz besonders, wenn eine gerade Linie auf einen ausgewählten Standort zeigt. Sogar an einem Platz, an dem der Drache zur linken und der Tiger zur rechten beide gekrümmt sind wie ein Bogen, sich aber an ihren Seiten Hügelausläufer in geraden Linien hinabziehen, sodass sie einzeln einem Pfeil ähneln, der auf einen Bogen gelegt ist – das wäre eine absolut gefährliche Anordnung. Oder nehmen wir einmal an, Sie hätten einen Platz gefunden, der reich an günstigen Vorzeichen ist, aber in einer gewisser Entfernung Ihnen gegenüber verläuft ein gerader Kamm oder ein Wehr, oder sagen wir eine Eisenbahntrasse, die keineswegs auf Ihren Standort zu, jedoch vor Ihnen in einer geraden Linie verläuft – diese gerade Linie würde einen tödlichen Atem verursachen, der Ruin all Ihres Glücks sowie des Glücks Ihrer Nachkommen.

So, wie die geraden Linien von Bergkämmen und Hügelketten bösartige Einflüsse produzieren sollen, ist es auch mit Bächen, Kanälen oder Flüssen, die in geraden Linien fließen. Wasser wird im Feng Shui System immer als Zeichen von Reichtum und Wohlstand angesehen. Wo das Wasser gerade fortläuft, wird es den Besitz der Menschen, die dort wohnen, veranlassen, fortzulaufen und wie Wasser zu verfließen. Gewundene, gekrümmte Linien sind die Anzeichen für einen begünstigenden Atem und werden dienlich sein, den Lebensatem dort zu halten, wo es ihn gibt.

Ein weiteres Anzeichen für das Vorhandensein bösartigen Atems sind einzeln liegende Steine und Felsblöcke, es sei denn, dass sie abgeschirmt und mit Bäumen und Büschen bedeckt sind. Es werden in Geomatiebüchern viele Beispiele von Grabstätten gegeben, die in der Nähe einzeln liegender Steine und Felsblöcke angelegt wurden. Da diese jedoch durch dichten Bewuchs abgeschirmt und von hohen Bäumen beschattet sind, haben sie seit Generationen den günstigsten Einfluss ausgeübt, haben die Familien, dessen Vorfahren dort begraben sind, mit Status, Ehre, Reichtum, Langlebigkeit, Nachkommenschaft und so weiter überhäuft. Aber nach und nach ließen mangelnder Glaube an Feng Shui oder Habgier oder der

Hass eines böswilligen Feindes dazu führen, dass die Bäume gefällt wurden, und die Sträucher, die die Felsbrocken abschirmten, niedergeschnitten wurden, worauf plötzliche Schande und Unglück über diese Familie kamen. Ihr Status wurde ihnen genommen, ihre offiziellen Bezüge auch, ihr Reichtum verflüchtigte sich und ihre Nachkommen mussten sich hinaus auf die Landstraßen des Lebens begeben, um zu betteln und zu verhungern.

Hongkong, mit seiner Vielzahl von Steinen und Felsblökken, die am Hang verstreut liegen, hat eine entsprechende Menge des bösartigen Atems. Die Chinesen halten unsere Regierung für sehr weise, da sie bemüht ist, überall auf dem Hügel Bäume zu pflanzen, um diese Boten des Übels abzuschirmen. Jedoch der übelste Einfluss, unter dem Hongkong leidet, wird von dem merkwürdigen Felsen am Rande des Hügels in der Nähe von Wanchai verursacht. Er ist von der Queen's Road East deutlich sichtbar. Ausländer sehen im Allgemeinen Kain und Abel darin, Kain wie er seinen Bruder umbringt. Für die Chinesen stellt der Felsen eine weibliche Figur dar, die sie die Schlechte Frauen nennen. Sie glauben fest und ernsthaft daran, dass die gesamte Unmoral von Hongkong, die ganze Rücksichtslosigkeit und die Laster von Taipingshan, von diesem verruchten Felsen verursacht werden. So fest ist dieser Glaube bei den untersten Klassen von Hongkong eingeprägt, dass jene, die von unmoralischen Praktiken profitieren, tatsächlich hingehen und diesen Felsen verehren, an seiner Basis Opfergaben ausbreiten und Weihrauch verbrennen. Niemand wagt es, dem Stein etwas anzutun, und mir wurde von vielen sonst vernünftigen Leuten erzählt, dass mehrere Steinmetze, die versucht hatten, an der Basis des Felsens Steine zu brechen, kurz nach dem Versuch plötzlich starben.

Nun, all diese bösen Einflüsse, ob verursacht von geraden

Linien, von Wasserbahnen oder durch Steine und Felsblöcke, können abgewendet oder unterbunden werden. Das beste Mittel, solche giftigen Ausatmungen fern zu halten und absorbieren zu lassen, liegt darin, Bäume hinter dem Wohnhaus zu pflanzen und einen Behälter oder ein Becken mit stets frischem Wasser vor dem Haus zu haben. Deshalb findet man in Südchina vor jedem Dorf, jeder Siedlung, jedem vereinzelten Haus einen Teich und einen kleinen Bambushain dahinter. Eine Pagode jedoch oder ein bewaldeter Hügel erfüllen denselben Zweck. Aus diesem Grund sollen die Höhen von Kanton mit ihrer fünfstöckigen Pagode den bösen Atem der Natur abwenden und die ganze Stadt beschützen. Man kann die bösartigen Einflüsse auch fern halten, indem man gegenüber der Hauspforte ein Schild oder eine achteckige Tafel aufstellt, auf das die Embleme der männlichen und weiblichen Prinzipien oder die acht Diagramme gemalt sind, und dem Pfad, der zur Haustür führt, sollte ein kurvenreicher oder gewundener Verlauf gegeben werden. Aus Stein geschnitzte Löwen und Drachen aus gebranntem Ton sind ebenso dienlich. Sie können entweder vor einem Gebäude oder auf dem Dachgiebel aufgestellt werden, aber das bei weitem beste und wirksamste Mittel ist, einen Geomanten zu engagieren, zu tun, was er sagt, und ihn gut zu bezahlen.

Dach aus vergoldeter Bronze. Jehol, Provinz Chihli.

Brückenendigung im Sommerpalast. Peking, Provinz Chihli.

Der Drache, Symbol der lebendigen Kräfte der Natur, ist in den Legenden um die chinesische Landschaft und in der Architektur allgegenwärtig. Sogar in der rein weltlichen Gestaltung einer Schleuse des Túngchou-Kanals wurde die mystische Präsenz des Drachens auf einem Mauerrand dargestellt. Umgegend von Peking, Provinz Chihli.

Ein Grabtempel. Siling, Provinz Chihli.

5. Kapitel

Die Erscheinungsformen der Natur

Wir kommen nun zu dem letzten Abschnitt des Systems des Feng Shui – die Doktrin von den Umrissen und Erscheinungsformen der Natur. Dieser Teil stellt jedoch nur eine praktische Anwendung der allgemeinen Regeln und Ideen dar, die in den vorgehenden Kapiteln festgelegt wurden. Ich muss daher nicht ausführlich auf die Einzelheiten eingehen. Ich habe bereits von den Erhebungen des Bodens gesprochen, die die Gegenwärtigkeit des Atems der Natur anzeigen mit seinen beiden Strömungen aus männlicher und weiblicher, positiver und negativer Energie, symbolisch Drachen und Tiger genannt. Die Positionen und Konfigurationen dieser beiden zueinander, angezeigt durch Hügel oder Berge, sind bestimmend für die Konturen und Formen der Erdoberfläche. Ich werde nicht die Aufzählung all der Kombinationen vornehmen, die diese beiden symbolischen Elemente im Verhältnis zueinander günstig oder ungünstig werden lassen. Es genüge zu sagen, dass sie am glücklichsten platziert sind, wenn sie ein vollständiges Hufeisen bilden; das heißt, dass zwei Hügelketten, ausgehend von einem Punkt, nach rechts und links in einer anmutigen Biegung hinauslaufen und ihre Enden sich sanft nach innen einander zuwenden. Eine solche Formation von Hügeln oder Bergen ist das sichere Anzeichen der Gegenwärtigkeit des Drachens, und wenn keine anderen Kombinationen entgegenwirken, wird der Einfluss einer Stätte, ausgewählt an dem Punkt, wo Drachen und Tiger nach rechts und links ausschreiten, all das sein, was man sich wünschen könnte.

Ein weiteres wichtiges Element in der Doktrin der äußerlichen Formen ist die Richtung der Wasserläufe. Wir hatten Anlass, dies mehr als einmal anzusprechen, und der wesentliche Punkt ist der, das Wasser, dass in geraden Linien abfließt oder in seinem Laufe scharfe Winkel bildet, absolut gefährlich ist. Ein kurvenreicher und gewundener Verlauf ist das beste Vorzeichen für die Gegenwärtigkeit günstiger Einflüsse. Aber das Zusammentreffen von zwei Wasserbahnen ist genauso ein Element, das nicht übersehen werden sollte. Die Verbindung sollte in einer anmutigen Biegung stattfinden und die vereinten Gewässer sollten einen gewundenen Weg kreuz und quer über die Ebene vollziehen.

Ein drittes Thema, das hier Aufmerksamkeit verlangt, ist das der Form und Gestaltung der Hügel, insbesondere die Konturen ihrer Kuppen. Ich habe bereits vorhergehend bemerkt, dass die Kuppen von Hügeln und Bergen die Verkörperung gewisser Gestirne sind. Es ist daher eine der ersten Anforderungen an einen Geomanten, dass er mit einer augenblicklichen Betrachtung feststellen kann, welchen Stern ein Berg darstellt. Was die Planeten und ihre Gegenstücke auf der Erde betrifft, so sind die Regeln, nach denen jeder Berg einem oder dem anderen der fünf Planeten zugeordnet werden kann, sehr einfach. Steigt ein Berg kühn und gerade hoch und verjüngt sich zu einer scharfen Spitze, so wird er mit Mars identifiziert und dazu bestimmt, das Element Feuer darzustellen. Ist die Spitze eines ähnlich geformten Berges abgebrochen und flach, jedoch ziemlich schmal, so ist er die Verkörperung Jupiters und stellt das Element Holz dar. Wenn die Spitze eines Berges eine ausgedehnte Fläche bildet, ist er dem Saturn angehörig und von dem Element Erde bewohnt. Wenn ein Berg steil hochragt, seine Spitze aber sanft gerundet ist, so wird er Venus genannt und stellt das Element Metall dar. Ein Berg, dessen Spitze die Form einer Kuppel hat, wird als Vertreter des Merkur angesehen und dort regiert das Element Wasser.

Wo nun jedoch mehrere Berge oder Hügel dicht beieinander stehen, ist es von vorrangigster Wichtigkeit herauszufinden, ob die Planeten und Elemente, die diese Berge einzeln darstellen, eine harmonische Gemeinschaft bilden, denn das Glück eines Standortes ist weitgehend davon abhängig, dass die Planeten und Elemente, die ihn beeinflussen, miteinander befreundet oder alliiert sind, sich entweder gegenseitig produzierend oder einander gleichgültig. Angenommen, nahe einem Hügel, der Jupiter ähnelt und daher das Element Holz darstellt, liegt ein anderer mit den Umrissen von Mars und dem Element Feuer entsprechend, so wäre dies offensichtlich eine höchst gefährliche Verbindung.

Zum Beispiel der Gipfel von Hongkong, die Umrisse des Jupiters darstellend, steht unter dem Einfluss von Holz. Am Fuße des Berges befindet sich ein Hügel, der Taipingshan heißt, mit den Umrissen des Mars, also der Vertreter des Feuers. Nun, ein Holzhaufen mit Feuer darunter – was ist das Ergebnis? Es ist einfach kein Wunder, dass die meisten Feuer in Hongkong in der Taipingshan Gegend vorkommen. Wir sehen also, es ist nicht nur äußerst wichtig zu berücksichtigen, welchem Planeten jeder Hügel oder Berg gehört, sondern auch das gegenseitige Verhältnis, ob freundlich oder destruktiv, der mehrzähligen Planenten und Elemente, die von den verschiedenen Bergspitzen dargestellt werden.

Noch verborgener ist die Methode, nach der die Gegenwärtigkeit der so genannten neun Sterne der Nördlichen Gruppe ausfindig gemacht wird. Diese neun Sterne mit ihren phantasievollen Bezeichnungen und furchtbaren Einflüssen haben keine festen Umrisse, sondern sind hauptsächlich durch die Hinweise des Kompasses erkennbar.

Im Allgemeinen ist die Assoziation von Einfällen in Verbindung mit den Konturen von Hügeln und Bergen von großer Bedeutung. Wenn zum Beispiel ein Hügel in seinen groben Umrissen einer breiten Couch ähnelt, dann wird sein Einfluss bewirken, dass seine Söhne und Enkel einen gewaltsamen und vorzeitigen Tod erleiden. Bauen Sie auf einem Berg, der einem Boot ähnelt, dessen Kiel nach oben zeigt, werden Ihre Töchter ewig krank sein und die Söhne werden ihre Tage im Zuchthaus verbringen.

Erinnert der grobe Umriss eines Berges an eine Glocke, wobei auf der Spitze die Konturen der Venus sichtbar sind, wird so ein Berg die sieben Sterne des Großen Bären veranlassen, ein tödliches Licht auf Sie zu werfen, das Sie und alle Mitglieder Ihrer Familie kinderlos machen wird. Äußerst gefährlich sind auch Hügel, die einem der folgenden Objekte ähneln: einem Korb, einer Pflugschar, dem Auge eines Pferdes, einer Schildkröte, einer Terrasse oder einer Wiese.

Es gibt viele weitere Regeln in Bezug auf Formen und Umrisse auf der Erdoberfläche. Aber ich meine, die oben genannten reichen aus, um meinen Lesern eine einigermaßen klare Vorstellung der praktischen Lehren des Feng Shui Systems zu vermitteln.

Es gibt nur noch einen Punkt, der behandelt werden sollte. Dies ist die Kunst, die natürliche Anordnung eines jeden gegebenen Ortes zu verbessern. Der Himmel, so heißt es, benötigt die Hilfe des Menschen, um sein Schema der Gerechtigkeit durchzuführen. Die Erde benötigt die Hilfe des Menschen, um ihre Erzeugnisse zur absoluten Perfektion zu bringen. Weder Himmel noch Erde sind in sich vollendet, sondern überlassen den letzten Schliff aller Dinge dem Menschen. Also gibt es bezüglich der natürlichen Umrisse der Erdoberfläche noch viel Spielraum für das aktive Eingreifen des Menschen.

Der Einfluss der Planeten und der fünf Elemente ist sehr groß, aber er ist nicht alles. Der Einfluss der natürlichen Gestaltung des Bodens ist sehr mächtig in seiner Beeinflussung der Schicksale der Menschen, aber die Menschen können die natürlichen Gestaltungen verändern und die Aspekte einer ungünstigen Lage verbessern. Ist eine Erhebung nicht hoch genug, so kann er sie erhöhen; verläuft ein natürliches Gewässer in einer für Leben und Besitz gefährlich geraden Linie, so kann er es entweder entfernen oder es in eine günstige Richtung lenken. Stellt ein Berg Mars und das Element Feuer dar, nun, dann braucht er nur die Spitze des Berges abzuschneiden, um so aus dem Mars einen Jupiter zu machen. Oder stört ein Berg die Harmonie der Umgegend, weil er den Umriss des Jupiter hat, dann muss der Mensch lediglich den Umriss abrunden und der Jupiter ist zu einer Venus geworden. Dies wird oft getan, und besonders Reisende werden hier und da eine spitz zulaufende Anhebung bemerkt haben, die sich ganz oben auf einem hohen, aber irgendwie flach wirkenden Berg befindet. Diese Anhebung wurde aufgetragen, um den Berg von einem flach wirkenden Gegenstück zu Saturn zu einem des Mars umzuwandeln, denn das Element Feuer, obwohl es selbst nie guten Boden für eine Grabstätte oder ein Haus hergibt, ist absolut notwendig als Element, um in die allgemeine Gestaltung der Umgegend einzutreten.

Wir sehen also, es bleibt zum großen Teil der Vorausschau und Energie des Menschen überlassen, sein Schicksal in jeden Kanal zu leiten, der ihm zusagt, die Einflüsse, die Himmel und Erde auf ihn ausüben, zu modifizieren und zu regulieren, und das Feng Shui System prahlt damit, dass es den Menschen lehrt, die Natur und sein eigenes Schicksal zu beherrschen, indem es ihm zeigt, wie Himmel und Erde ihn beherrschen.

Bild Seite 99:
Das Höhlenkloster der Wolkengipfel im Mien-Kalksteingebirge südlich von Táiyüanfu, Shansi-Provinz.
Die ersten Tempel waren Höhlen, da sie eine natürliche Bedeutung als Verbindungen zwischen der oberen und unteren Erde hatten, und als Wege feinstofflicher erdener Kräfte wie auch der Schatten Verstorbener. Schreine und Klöster sind überall bei Höhleneingängen zu finden und in Verbindung mit Feng Shui dienten sie als Zentren spiritueller Erstärkung.

Große Wildganspagode. Sianfu, Provinz Shensi.

Die Klöster im Hochtal des buddhistischen Heiligen Berges der Fünf Kuppen, Wu tái shan, Shansi-Provinz, geweiht dem Wenshu pú sa oder Bodhisattva Manjuœrî. Die Höhe des Hochtales beträgt 1700 m, des nördlichen Passes 2500 m. Die große Pagode, 54 m hoch, und die anderen dargestellten Bauten stammen aus der Ming-Dynastie, meist aus der Zeit des Wan Li, 1573-1620. Die Werte der als heilig angesehenen Landschaft werden durch Feng Shui erhalten und mit den Bedürfnissen einer dichten Bevölkerung und ihrer Landwirtschaft in Einklang gebracht.

Ein Überrest des klassischen Feng Shui: Eine Steintreppe führt den heiligen Berg Tái shan in der Provinz Shantung hinauf zum »Südlichen Himmelstor« am Gipfel. Der 1545 m hohe Tái shan ist der östliche der fünf altchinesischen Heiligen Berge.

Landstraße und Gedächtnistor. Provinz Kuangsi.

6. Kapitel

Die Geschichte und Literatur des Feng Shui

Bislang haben wir Feng Shui hauptsächlich als Ableitung aus den Lehren des Choo-he und anderer Philosophen der Sung-Dynastie betrachtet. Und sicher, wenn wir Feng Shui als ein erkanntes, populäres System der physikalischen Wissenschaft ansehen, als einen methodischen Zusammenschluss gewisser philosophischer Ideen für durchaus praktische Zwecke, können wir seinen Ursprung kaum weiter als zu der Epoche zurückverfolgen, die so berechtigt das Augustinische Zeitalter der chinesischen Literatur genannt wird. Jedoch die prominentesten Ideen und Praktiken, die dieses System des populären Aberglaubens ausmachen, können bis ins Altertum zurückverfolgt werden. Die führenden Prinzipien des Feng Shui haben ihre Wurzeln in der entferntesten Vorzeit, und es wäre nicht übertrieben zu behaupten, dass, obwohl das moderne Feng Shui vor der Sung-Dynastie (960-1126 n. Chr.) kein ausdrückliches Studienfach oder eigenständiges Gewerbe war, die Geschichte der führenden Ideen und Praktiken des Feng Shui wohl die Geschichte der chinesischen Philosophie ist.

Die tiefsten Wurzeln des Feng Shui Systems wuchsen aus dieser übertriebenen und abergläubischen Verehrung der Geister der Vorfahren. Diese war bei einem großen Teil des chinesischen Volkes der fruchtbare Boden, aus dem das giftige Unkraut des krassen Aberglaubens vielfältig wucherte, obwohl philosophische Intellekte wie der des Konfuzius es auf einer ausschließlich moralischen Ebene als einfachen Ausdruck kindeseigener Frömmigkeit auslegen mögen.

Ahnenverehrung deutete natürlich die Idee an, dass die Geister der verstorbenen Ahnen irgendwie die Schicksale ihrer Nachkommen beeinflussen könnten und es auch würden. Diese abergläubische Vorstellung, deren Existenz in den allerältesten Analen chinesischen Denkens nachgewiesen werden kann, ist die Triebfeder und der leitende Instinkt des gesamten Feng Shui Systems.

Der nächste Schritt zum Feng Shui, den der abergläubische Intellekt des Altertums unternahm, war, eine Verbindung herzustellen zwischen diesem angeblichen Einfluss verstorbener Ahnen, der Lage ihrer Gräber und dem topographischen Charakter der Umgebung jeder Grabstätte. Es gibt keinen Hinweis dafür, dass ein solcher Brauch in den primitivsten Zeitaltern des chinesischen Altertums in Mode war. Aber wir haben einige deutliche Spuren des ersten Keimens dieser Idee.

Aus den Anfängen der chinesischen Geschichte, was ich für nicht früher als die Chow Dynastie (1122 v. Chr.) halte, wird berichtet, dass gewöhnliche Leute in den Ebenen begraben wurden, Prinzen auf niedrigen Hügeln und Kaiser unter Erdhügeln auf hohen Bergen. Hier haben wir den ersten Hinweis auf den Grad der Wichtigkeit, der nicht nur der allgemeinen Lage des Grabes beigemessen wurde, sondern auch seiner Konstruktion. Die Errichtung eines hohen Erdhügels im Falle der kaiserlichen Grabstätten sollte zweifellos die Rückseite des Grabes schützen. Dies symbolisiert bereits den Drachen der zukünftigen Zeitalter.

Auch wird unter Berufung auf Konfuzius berichtet, dass die Gräber im Altertum so angelegt wurden, dass die Häupter der Verstorbenen nach Norden zeigten. Die Worte des Li-Ke lauten: »Die Köpfe der Toten weisen nach Norden, die Gesichter der Lebenden sind nach Süden gerichtet.« Der konfuzianische Kommentator erklärt den Grund für diese Methode der Beerdigung, indem er sagt, dass der Norden als von dem weiblichen Prinzip regiert betrachtet wurde, der Süden von dem männlichen, dass Tod und Verfall dem weiblichen oder rückkehrenden Atem der Natur zugeordnet wurden, Leben und Kraft jedoch dem Einfluss der expandierenden oder männlichen Energie. Dies ist ein Anzeichen für einen weiteren Schritt, der in Richtung Feng Shui getan wurde: die männlichen und weiblichen Energien der Natur und die Kompassdifferenzen von Norden und Süden beeinflussen die Position und den Bau der Grabstätte.

Der Erdhügel über dem Grab, der ursprünglich ein Vorrecht der kaiserlichen Grabstätten war, wurde im Laufe der Zeit von allen Schichten der Bevölkerung übernommen. In der Epoche kurz vor der Zeit des Konfuzius wurde es scheinbar allgemein für wichtig erachtet, einen Erdhügel über jedem Grab zu haben. Die Haltung, die Konfuzius, der Bewunderer des primitiven Altertums, in Bezug auf diese Sitte einnahm, die er als unbegründete Innovation empfand, zeigt deutlich, dass man von den uralten Formen der Beerdigung abgewichen war und dass zu seiner Zeit und davor Bräuche und Ideen in Verbindung mit dem Bau von Grabstätten herrschten, gegen die er sich gezwungen fühlte zu protestieren.

Bedenkt man all diese oben erwähnten Indikationen, so scheint außer Zweifel zu stehen, dass lange vor Konfuzius die Aufmerksamkeit der Hinterbliebenen auf die Bedeutung der überlegten Auswahl des Standortes einer Grabstätte gelenkt wurde, sowie auf die Konstruktion des Grabes selbst nach einer gewissen Weise, die vom Brauch vorgeschrieben wurde. Es ist natürlich anzunehmen, dass dies im Hinblick auf Schutz vor Kalamitäten getan wurde oder um den Wohlstand zu sichern, der nach Meinung der abergläubischen Anbeter von Ahnengeistern von dem Geist derjenigen verursacht werden konnte, dem das infrage kommende Grab gewidmet war. Kurz gefasst scheint es, dass die elementaren Prinzipien des Feng Shui Jahrhunderte vor Konfuzius unbewusst von einem abergläubischen Volk angewendet wurden. Aber es gibt keine Beweise dafür, dass Feng Shui zu einer Wissenschaft reduziert wurde, dass es methodisch als Beruf ausgeübt wurde. Solange der uralte Glaube an einen allmächtigen, persönlichen Gott noch irgendeinen Einfluss auf die Menschen ausübte, konnten die vorher erwähnten Ideen, die unter denen, die von Aberglauben beeinflusst waren, umherschwebten, sich nicht zu einem System formieren, welches die Vorstellung des materialistischen Fatalismus als Zentrum benötigte, um das sich diese Ideen versammeln konnten, um die feste Form und Gestaltung eines Systems wie Feng Shui anzunehmen. Chinesische Anhänger des Feng Shui sind durchaus bemüht, Beweise einzubringen, dass in den frühesten Zeiten Feng Shui als Zweig der Wissenschaft anerkannt wurde. Der Text, auf den sie sich stützen, ist jedoch zu vage, um eine solche Schlussfolgerung zu rechtfertigen. In Bezug auf die Diagramme des Foo-he sagt das Yih-King: »Der Weise sieht zu dem Himmel empor und (mit Hilfe der Diagramme) betrachtet er all die himmlischen Phänomene, er denkt über die Erde nach und (unter Anwendung derselben Diagramme) untersucht die Umrisse am Boden.« Jedoch bereits der darauf folgende Satz zeigt, dass sich der Text mit nichts befasst, was Feng Shui auch nur ähneln könnte: »Er verfolgt alle Dinge zurück bis zum Ursprung und verfolgt ihr Dasein bis zum Ende; und so begreift er die Theorie von Leben und Tod.« Es ist daher klar, dass sich dieser Textabschnitt einfach auf den Gebrauch der Diagramme bezieht, so, wie sie allgemein beim Universum angewendet werden. Es gibt nicht die geringsten Indizien dafür, dass die Diagramme des Foo-he oder Wen-wang in diesen frühen

Zeiten je bei den geomantischen Lagen von Grabstätten oder der Feststellung des Einflusses angewendet wurden, den Gräber laut Glauben auf die Geschicke von Menschen ausübten.

Die zweite Epoche in der Geschichte des Feng Shui kann als von Konfuzius (550 v. Chr.) bis zu dem Aufstieg der Han-Dynastie (202 v. Chr.) reichend festgelegt werden. Es lag in der Macht des Konfuzius und seiner Schüler Menzius und Sun-tze, die einen großen Einfluss auf die Denkweise ihrer Mitbürger in dieser Zeit ausübten, die abergläubischen Vorstellungen zu korrigieren, die bereits unter dem Volk umherschwirrten und zu einem geordneten System der Geomantie tendierten, indem sie eine klare Einstellung annahmen, Aberglauben verurteilten und an dessen Stelle eine erleuchtete Theorie zu dem Thema setzten. Jedoch er und seine Schüler, obwohl persönlich frei von Aberglauben, begnügten sich damit, eine Reform der Moral nach dem Muster der alten Weisen zu verlangen, ohne die Auseinandersetzung mit den abergläubischen Tendenzen zu wagen, die sich um die uralte Form der Ahnenverehrung zu scharen begannen. Mit einem Wort, sie blieben neutral. Die Konsequenz war, dass sich der Aberglaube mehr und mehr verbreitete.

Die Stellung, die Konfuzius und seine Schüler in Bezug auf diese frühen Symptome des geomantischen Aberglaubens bezogen, wird durch eine charakteristische Anekdote illustriert, deren Wahrheit nie bestritten wurde. Konfuzius, der mit einigen Schwierigkeiten das Grab seines Vaters ausfindig gemacht hatte, ließ es öffnen und die sterblichen Überreste seiner Mutter zusammen mit denen seines Vaters begraben. Bei der Gelegenheit wurde vorgeschlagen, dass angesichts des Brauchs der Zeit ein Erdhügel über dem Grab errichtet werden sollte. Konfuzius war nicht dagegen, obwohl er bemerkte, dass dies nicht im Einklang mit den Regeln der Ahnen sei,

Bild Seite 108:
Erstes Eingangstor zum Konfuzius-Tempel zu Ching-hai. Es ist eines der drei Tore, die zu der Akademie führten, die dem großen Philosophen gewidmet war. Ausländer hatten hier erst Zutritt, nachdem Ching-hai, auf den Krieg nur dürftig vorbereitet, von englischen Seestreitkräften angegriffen und durch massives Kanonenfeuer erheblich zerstört, erobert wurde.

Bild Seite 109:
Kapelle im Großen Tempel zu Macao.
Der englische Missionar G. N. Wright bemerkt hierzu, dass die Ähnlichkeit zwischen katholischen und buddhistischen Bauten und Riten unübersehbar sei, und bemängelt eine »unziemliche

aber – heißt es – bald nachdem der Erdhügel aufgehäuft worden war, spülte ihn ein plötzlicher Regenguss fort und ebnete den Boden! Dieser kleine Zwischenfall zeigt, dass er selbst kein Anhänger des geomantischen Aberglaubens seiner Zeit war, aber es zeigt auch, dass er nicht den Schneid besaß, die Absurdität und Nutzlosigkeit einer Doktrin anzugreifen und bloßzustellen, die unvereinbar ist mit dem Glauben an einen allmächtigen, intelligenten Herrscher des Universums. Aber er erklärte nie deutlich, ob er diesen Glauben hatte oder ob sein Gott lediglich der physische Himmel war. Auch seine Schüler nahmen keine kühnere Haltung gegen Aberglauben an. Sie folgten dem Beispiel ihres Meisters und hielten sich an eine einstudierte Neutralität, ließen zu, dass der Glaube an den persönlichen Gott ihrer verehrten uralten Weisen stillschweigend durch taoistische Spekulationen bei den Gebildeten ersetzt wurde und durch polytheistische Praktiken bei den Ungebildeten. Sie glaubten selbst nicht an Weissagung, waren aber völlig dafür, dass die Diagramme zum Zweck der Weissagung angewendet wurden. Sie glaubten nicht an die kosmogonischen Grübeleien ihrer Zeitgenossen, gaben aber auch keine Meinung zu der Frage ab, wie die Welt entstanden sei. Und so ließen sie die Tür für alle Formen des Aberglaubens offen. Es steht außer Zweifel, dass die bereits erwähnten geomantischen Vorstellungen sich unter dem absichtlichen Stillschweigen der Hüter der uralten Weisheit und des Wissens weit verbreiteten, obwohl wir keine Daten über das Ausmaß oder den Fortschritt haben, den diese früheste Form des Feng Shui während dieser Epoche machte. Es wird jedoch berichtet, dass nahe ihrem Ende (249 v. Chr.) ein Gelehrter namens Shu-li-tsih behauptete, er habe für sein eigenes Grab eine Lage ausgewählt, die bewirken würde, dass sie zu irgendeiner zukünftigen Zeit von einem kaiserlichen

Palast flankiert würde. Mit anderen Worten, dass er einen Ort gefunden hatte, an dem er sich nach seinem Tode begraben lassen würde, und dass die geomantischen Qualitäten dieses Platzes solche wären, dass sie verursachen würden, dass einer seiner Nachkommen auf den Thron Chinas käme.

Der Aufstieg der Han-Dynastie (202 v. Chr.) eröffnete eine neue Epoche in der Geschichte des primitiven Feng Shui. Als das Gesetz zur Unterdrückung des klassischen Schrifttums aufgehoben wurde (190 v. Chr.) und jeder Zettel, der dem Verbrennungswahn des Despoten Tsin entgangen war, begierig gesammelt wurde, sodass die uralten Klassiker erneut verlegt werden könnten, erhielten die konfuzianischen Studien einen neuen Aufschwung. Die Anzahl derer, die die Klassiker auslegten, wuchs und der Konfuzianismus hatte eine weitere Chance, den alten Glauben erneut zu beleben. Aber wieder wurde der Konfuzianismus für mangelhaft befunden. Die Öffnung, die so gegeben war, im Erwachen eines nationalen Interesses an Literatur und die Gelegenheit, die den Erörterern des Konfuzianismus geboten wurde, sich selbst und ihre uralte Tradition richtig den Spekulationen und Aberglauben ihrer Zeitgenossen gegenüber darzustellen und die Absurditäten von taoistischen Astrologen und Alchemisten zu unterdrücken durch populäre Erläuterungen der Rationalität des alten Glaubens sowie dessen Weiterentwicklung durch rationale Studien der Natur, diese großartige Öffnung wurde von den Konfuzianern geopfert, zugunsten eines pedantischen Studiums der wörtlichen Bedeutung der uralten Texte und einer trockenen Offenlegung des uralten Kredos. Jedoch der Taoismus nutzte die von den Konfuzianern abgelehnte Gelegenheit und erhob eine Literatur, in der es von Übernatürlichem und Erstaunlichem wimmelte, was die Gedanken der Menschen mit astrologischen und mystischen Spekulationen füllte und die Flut des Aberglaubens anschwellen ließ, sodass die Konfuzianer sogar davon durchtränkt sind bis zum heutigen Tage.

Ausgerechnet der Mann, der in Verbindung mit seiner erfolgreichen Auffrischung der in Vergessenheit geratenen konfuzianischen Klassiker berühmt wurde, Lew-heang (40 v. Chr.), verriet in einem Bericht, den er in seiner Eigenschaft als öffentlicher Zensor an den Thron schickte, dass er an die geomantischen Aberglauben glaubte, die unter dem Einwirken taoistischer Astrologie und Kosmogonie während dieser Zeit natürlich neuen Auftrieb erhielten. Er berichtete dem Kaiser, dass auf dem Grabe eines Mannes namens Wong (König), einem Bürger von Tsie-nan in Schantung, zwei Bäume so ineinander verschlungen wären, dass sogar ihre Blätter ineinander wüchsen, dass die Form des Grabes einem aufrechten Stein oder einer Weide ähnelte, deren Zweige nach oben wuchsen. Er deutete an, dass dies Anzeichen dafür wären, dass einer der Nachkommen dieses Mannes Kaiser von China werden würde, ein deutlicher Hinweis, die gesamte Familie auszulöschen.

Während dieser Epoche wurde der erste Versuch unternommen, die im Volke kursierenden Vorstellungen von Geomantie zusammenzufassen und daraus ein System zu formen. Der erste Exponent dieses Systems des Feng Shui ist ein Buch, das während der Han-Dynastie unter dem Titel Tseh-king (wörtlich: Der Kanon der Wohnstätten) veröffentlicht wurde. Um dem Buch den Heiligenschein der Antiquität zu verleihen, wurde behauptet, dass der vorzeitliche Hwang-ti sei der Autor. Eine Behauptung, die, obwohl wahrscheinlich von vielen damals geglaubt, natürlich völlig unbegründet war. Sogar die Kataloge von Büchern, die unter den Han, Sui und Tang-Dynastien veröffentlicht wurden und die das Buch erwähnen, erwähnen nicht Hwang-ti als dessen Autor. Dieses Buch ist jedoch nicht nur eine Zusammenfassung der geomantischen Aberglauben vergangener Epochen, sondern trägt die Doktrin des Feng Shui noch weiter, indem es die geomantischen Einflüsse, die bislang nur auf Grabstätten bezogen waren, auf die Behausung der Lebenden ausdehnt. Diese wurden »männliche Wohnstätten« genannt; Gräber wurden als »weibliche Wohnstätten« bezeichnet. Es unterteilte auch die Diagramme, vorher nur zum Zweck der Weissagung benutzt, in männliche und weibliche Diagramme und wandte sie an, um den geomantischen Charakter von Gräbern und Wohnhäusern festzustellen. Von Wen-wangs acht Diagrammen hieß es bei denen für Wind (SO), Feuer (S), Erde (SW) und Ozean (W), sie arbeiteten im Einklang mit der weiblichen Energie der Natur, während der Einfluss von Himmel (NW), Wasser (N), Bergen (NO) und Donner (O) als im Einklang mit dem männlichen Prinzip der Schöpfung erklärt wurde. Das Buch unterscheidet unter 24 verschiedenen Mitteln zum Schutz vor Unheil und Sicherung von Wohlstand durch Anwendung dieser Diagramme nach genauso vielen Methoden und die Zusammensteller des kaiserlichen Katalogs meinen, dass es irgendeinen guten Sinn in diesen Manipulierungen der Diagramme des Wen-wang gäbe.

Die nächste Epoche in der Geschichte des Feng Shui umfasst die Zeit der Drei Königreiche (221-277 n. Chr.) und die der so genannten Sechs Dynastien (265-618 n Chr.). Der Einfluss, den sich geomantische Ideen schon zu Beginn dieser Periode verschafften, wird durch einen Zwischenfall hinreichend veranschaulicht, der in den Annalen des ersten der Drei Königreiche wiedergegeben wird, der so genannten Han-Dynastie (221-263 n. Chr.). Es wird als unbestreitbare Tatsache berichtet, dass ein gewisser Yuen-ngan, der gewillt war, nach dem

Tode seines Vaters eine geeignete Beisetzungsstätte zu finden, hinausging, um einen Ort zu wählen. Er stieß zufällig auf drei Gelehrte (Eingeweihte der geomantischen Kunst), die ihm eine Stelle zeigten, die, wie sie ihm vergewisserten, seiner Familie die höchsten offiziellen Auszeichnungen und Vergütungen sichern würde. Er folgte ihrem Rat und ließ seinen Vater dort beisetzen und, so merkwürdig es auch klingt, wurde kurz danach in ein hohes Staatsamt berufen. Seine Nachkommen besetzten weiterhin über viele Generationen hinweg die höchsten und lohnendsten Posten des Staatsdienstes. In diesem historischen Roman »Die Geschichte der Drei Reiche« (der erste aller chinesischen Romane; sein Verfasser lebte im 14. Jh.) kommt auch ein Passus vor, der zeigt, dass zu diesem frühen Zeitpunkt die Geomanten bereits gelernt hatten, die vier Quadranten des Sternenhimmels anzuwenden, den Azurblauen Drachen im Osten, den Zobelkrieger im Norden, den Weißen Tiger im Westen und den Zinnoberroten Vogel im Süden, um den verschiedenen Einflüssen Ausdruck zu geben, die die 28 Konstellationen angeblich auf die Erde ausübten. Kwan-lu, so heißt es, trat an das Grab des Wu-k'iu-kien und rief: »Sehet den Weißen Tiger, eine Leiche im Maul tragend, und den Zinnoberroten Vogel in Schmerz aufgelöst.«

Die Anspielung auf die 28 Konstellationen, welche die Chinesen unter Auslassung der verschiedenen Namen der Nakchatras von der hinduistischen Astronomie geborgt hatten, verrät bereits den zunehmenden Einfluss des Buddhismus. Diese fremde Religion, die offiziell in China von einem der Han-Kaiser (62 n. Chr.) anerkannt wurde, war bereits einige Jahrhunderte lang in diversen Teilen Chinas propagiert worden und begann sich langsam zu etablieren. Aber im Verlauf der Herrschaft der bereits erwähnten Sechs Dynastien und besonders unter der Tsin-Dynastie (265-419 n. Chr.)

wurde Buddhismus zu einer Macht im Staat und durchtränkte allmählich das gesamte Reich mit seinen atheistischen und fatalistischen Ideen. Diese Doktrinen stimulierten natürlich das Fortschreiten sowie die Entwicklung der geomantischen Phantastereien, denen bislang ein Mittelpunkt gefehlt hatte, um den sie sich zu einem System hätten formen können. Der Buddhismus, mit seinem Atheismus, seinem Fatalismus und seiner Doktrin des nie endenden Abwechselns von kosmischen Destruktionen und Rekonstruktionen erfüllte diese Funktion. Dementsprechend ist festzustellen, dass Feng Shui während dieser Zeit, und besonders unter der Tsin-Dynastie, neuen Auftrieb erhielt, neue Befürworter und neue Erklärer. Eine sehr berühmte, wenn auch etwas mythische Persönlichkeit, Ko-po, soll all die uralten Traditionen um Feng Shui gesammelt und als Buch veröffentlicht haben. Es ist das Tsang-shoo (Buch der Beisetzung), welches noch immer existiert und bis zum heutigen Tage eine der hauptsächlichen Informationsquellen für Studenten des Feng Shui darstellt. Viele Geomanten nennen Ko-po den Begründer des modernen Feng Shui, aber sie haben keine Beweise für diese Behauptung außer der einfachen geschichtlich belegten Tatsache, dass Ko-po ein Eingeweihter der Geomantie war und in der Tsin-Dynastie lebte. Nicht einmal von dem klassischen Tsang-shoo, das Feng Shui mit besonderen Abhandlungen über die Formen und Umrisse der Natur behandelt, kann überzeugend bewiesen werden, dass es von Ko-po verfasst wurde. In den Literaturkatalogen dieser Epoche wird es nämlich nicht erwähnt. Das Tsang-shoo erscheint erstmals in dem Katalog der Tang-Dynastie (618-905 n. Chr.), aber sogar da wird ihm kein Autor zugeschrieben, gibt es keine Erwähnung von Ko-po. Lediglich der Katalog der Sung-Dynastie (960-1126 n. Chr.) nennt ihn als den Autor dieses Klassikers.

Trotzdem erscheint es mehr als wahrscheinlich, dass der Feng Shui Aberglaube große Aufmerksamkeit und Förderung unter der Herrschaft der Sechs Dynastien erhielt. Es ist eine bedeutende Tatsache, dass sämtliche kaiserlichen Annalen dieser Dynastien neben anderen Themen getrennte Kapitel über Glück bringende geomantische Einflüsse enthalten. Und die Geschichte hält als beachtenswerte Begebenheit fest, dass Wen-ti, der erste Kaiser der Sui-Dynastie (589 n. Chr.), es als lohnend empfand, ein Argument gegen die Wahrheit von Feng Shui zu entfachen. Kurz darauf schändeten seine Feinde die Grabstätten seiner Vorfahren, um ihm die Kalamitäten zu bescheren, die nach den Lehren des Feng Shui die natürliche Konsequenz eines entweihten Grabes sind. Dennoch blieb er in seinem Bestreben erfolgreich, den Thron zu erlangen, verlor jedoch einen Bruder auf dem Schlachtfeld. Die Worte, die ihm der kaiserliche Geschichtsschreiber seiner Dynastie in den Mund legte, lauteten: »Wenn sich die Grabstätten meiner Vorfahren nicht in einer Glück bringenden (geomantischen) Lage befinden, warum erlangte ich dann den Thron? Wenn aber ihre Position Glück bringend ist, warum wurde dann mein Bruder getötet?« Wahrscheinlich als Konsequenz auf diesen kaiserlichen Ausspruch entwickelten in späteren Zeiten die Erklärer des Feng Shui subtile Theorien, um zu erklären, wie ein und dasselbe Grab (oder Gebäude) es bewirken könnte, dass ein Mitglied einer Familie vom Unglück eingeholt wurde, während ein anderes Mitglied derselben Familie von Segen überhäuft wurde.

Mit dem Aufstieg der Tang-Dynastie (618-905 n. Chr.), die berühmt ist für ihre Wiederbelebung der Literatur im Allgemeinen und der Poesie im Besonderen, die Hunderte von buddhistischen Werken aus dem Sanskrit ins Chinesische übersetzen ließ, öffnete sich eine neue Ära, die besonders günstig war für die Verbreitung von mystischen und phantasievollen Doktrinen, die, wie es die Geomantie bereits fertig gebracht hatte, sich das Aussehen einer nationalen sowie taoistischen und buddhistischen Philosophie zulegten. Der Gedanke eines Einflusses von fünf Planeten (Venus, Jupiter, Merkur, Mars und Saturn) auf die Erde und sämtliche Lebewesen tauchte in ungefähr dieser Zeit zum ersten Male auf und wurde begeistert von den Befürwortern des Feng Shui aufgegriffen. Das bereits erwähnte »Buch der Beisetzung« wurde nun zu einem populären Handbuch.

Einige andere Bücher, darunter das Han-lung-king (Der Kanon über die Kunst, den Drachen zu erwecken), das Ts'ing-nang-king (Der Kanon des grünen Beutels) und das E-lung-king (Der Kanon über den zweifelnden Drachen) wurden sehr wichtig. Das Han-lung-king erwähnt auch, zusätzlich zu den fünf Planeten, die bereits erwähnten neun Sterne, die einige Kommentatoren als Die Gruppe bezeichnen, während andere sie als die Sieben Sterne des Großen Bären mit zwei Nachbarsternen erklären, und wiederum andere meinen, sie trieben zusammenhanglos durchs All. Aber das Han-lung-king stützt eine gesamte Theorie über das Auswählen von vorteilhaften Standorten für Grabstätten oder Häuser auf den Einfluss dieser Sterne.

Das Ts'ing-nang-king eröffnet mit einer Darstellung der mystischen Eigenschaften der Kombinationen von gleichen und ungleichen Zahlen (1-6, 2-7, 3-8, 4-9, 5-10) und legt dann die Regel fest, dass alles im Himmel sein Gegenstück (in entsprechenden Zahlen) auf der Erde hat. Das E-lung-king befasst sich besonders mit solchen Formen und Umrissen in der Natur, wo Drachen und Tiger nicht deutlich hervortreten und sozusagen verborgen sind. Die Autorenschaft dieser drei Bücher wird Yang-kwan-tsung zugeschrieben, der angab, ein Jünger Ko-pos zu sein und vor allem den Teil des Feng Shui Systems entwickelte, der sich mit den Zeichen Drachen und Tiger befasst und sie in Verbindung mit der Strömungsrichtung und der Gestaltung von Gewässern sowie dem Einfluss von Wasserstraßen brachte.

Aber erst mit dem Aufstieg der Sung-Dynastie (960 n. Chr.) fanden sich all die hier erwähnten Elemente der geomantischen Kunst zu einem großen System zusammen, aufgebaut auf einer philosophischen Basis und methodisch so entwickelt, dass es jede Form des Einflusses, die man dem Himmel im Einwirken auf die Erde nachsagen kann, sowie den, den Himmel und Erde angeblich auf die menschlichen Geschicke haben sollen, beinhaltete. In Wirklichkeit ist dieses System lediglich eine praktische Anwendung der materialistischen Spekulationen, für die Chow-leen-ke, Chang-ming-taou, die Gebrüder Ch'ing und besonders der illustre Choo-he eine solche allgemeine Anerkennung erhielten, dass ihre kosmogonische Theorie des Universums, ihre Spekulationen über das Große Absolute, die männlichen und weiblichen Prinzipien und den zweifachen Atem der Natur als primäre Agenten aller physischen Phänomene zum nationalen Glauben Chinas wurden. Kein Wunder dann, dass die Anhänger des Feng Shui, die klugerweise alles, was populär und anziehend wirkte, in dieses große Schema der Naturphilosophie adoptierten, die ihre phantastischen geomantischen Spekulationen im Einklang mit der Lieblingsterminologie des Choo-he verkündeten, einen Teil der nationalen Beliebtheit und nationalen Popularität erheischen konnten, die den großen Philosophen der Sung-Dynastie so gerechterweise zuteil wurde. Ein Gelehrter namens Wang-k'e war der Hauptvertreter des professionell ausgeübten Feng Shui zu dieser Zeit. Er gab an, ein Schüler Kopos zu sein, und wollte die Erfindung der Theorie der gegenseitigen Produktion und Destruktion der fünf Elemente als sein Verdienst anerkannt wissen. Er war es, der die gesamten traditionellen Ideen über Geomantie systematisierte und sie der Ausdrucksweise der neuen Philosophie anpasste. Er reorganisierte die Kunst des Feng Shui auf der Basis von Choohes Materialismus.

Heutzutage sind die Anhänger des Feng Shui in zwei Schulen geteilt, die Tsung-miau (Ahnentempel) Schule, die sich in Foh-kien ausbreitete, und die Kwang-si Schule. In den vorhergegangenen Kapiteln habe ich die hervorragenden Theorien erklärt, die diese Schulen gemeinsam haben, und ich muss daher lediglich hinzufügen, dass sie sich hauptsächlich durch die vergleichbare Prominenz unterscheiden, die jede einer oder der anderen der vier Unterteilungen des Feng Shui beimisst. Die Foh-kien Schule der Geomanten, die Wang-k'e als ihren Gründer betrachtet, sieht die größte Wichtigkeit in den Doktrinen der Ordnung der Natur (Li) und der Numerischen Proportionen der Natur (Su). Sie ist der Anwendung des Kompasses daher besonders zugeneigt. Die zweite Schule, die Kwang-si Schule der Geomanten genannt, weil sie in der Provinz Kwang-si entstand, sieht Yang-kwan-tsung als ihren Gründer an und legt größten Wert auf die Doktrinen des Atems (K'e) und der Umrisse (Ying) der Natur. Die Anhänger dieser Schule benutzen den Kompass auch, aber nur als untergeordnetes Hilfsmittel zum Untersuchen der Landschaft, denn es ist ihr Prinzip, zuerst die Anzeichen von Drachen und Tiger und von gutem Atem zu suchen und dann die umliegenden Einflüsse mit Hilfe des Kompasses abzuschätzen.

Diese beiden Schulen haben umfangreiche Literatur produziert, aber sie ist lediglich eine Ausbreitung der bereits erwähnten Ideen auf der Basis der Philosophie des Choo-he.

Da ich so die Geschichte und Literatur des Feng Shui bis

in die Gegenwart verfolgt habe, bleibt mir nur, noch einige Worte über das Ausmaß des Einflusses zu sagen, über das dieses merkwürdige Konglomerat aus Aberglauben, Ignoranz und Philosophie heutzutage verfügt.

Die Marmorpagode im Kloster der blaugrünen Wolken.
Peking, Provinz Chihli.

Die Stadt Kúeichoufu am Ufer des Yangtze-Flusses in der Provinz Szechúan. Shih pao chai, der heilige »Felsen der 10 000 Schatten« konzentriert in sich die kombinierten Energien der Erde und des Kosmos, die er konstant auch abstrahlt. Er trägt einen Feng-Shui-Tempel für den König der Unterwelt, zugänglich durch eine Treppe in einer angelehnten halben Pagode.

Grabpagode im »Kloster des Goldenen Gipfels«.
Provinz Szechúan.

7. Kapitel
Schlussfolgerung

In Feng Shui haben wir das, was aus chinesischer Sicht die vollständige Verschmelzung von Religion und Wissenschaft genannt werden kann. Unglücklicherweise wurde jedoch das religiöse Element in Feng Shui durch das Verschwinden des frühen Theismus zu einer groben Form von Aberglauben verzerrt, halb taoistisch, halb buddhistisch, und was ich bislang in gedehnter Gutmütigkeit chinesische Naturwissenschaft genannt habe, ist, rein wissenschaftlich gesehen, lediglich ein Konglomerat aus grob gehaltenen Schätzungen über die Natur, sublimiert durch das phantasievolle Spiel mit kindlichen Diagrammen.

Jedoch, sei das wie es will, die Tatsache bleibt, dass Feng Shui zurzeit eine Macht in China darstellt. Es ist ein essentieller Teil der Ahnenverehrung, der die nationale Religion, sei es Taoismus oder Buddhismus, ihren alles durchziehenden Einfluss nicht nehmen kann. Feng Shui ist vielmehr so in das chinesische Gesellschaftsleben hineingewachsen, es ist so fest verbunden mit jedem möglichen Ereignis des häuslichen Lebens (Geburt, Ehe, Hausbau, Beerdigung usw.), dass es nicht entwurzelt werden kann ohne die vollständige Umkehrung und anschließende Neuorganisation sämtlicher gesellschaftlicher Formen und Gewohnheiten. Die ehrfürchtige Verehrung, die jeder Chinese allem gegenüber bringt, das sich auf das Prestige der Antiquität berufen kann, ist ein weiteres Element, das den weit verbreiteten Einfluss von Feng Shui erklärt. Sein Ursprung kann tatsächlich bis in weit entfernte Vorzeiten zurückverfolgt werden, wie ich gezeigt habe, aber die allgemeine Meinung verknüpft den Ursprung von Feng Shui mit dem uralten Hwang-ti und sie betrachtet dieses System als so alt wie China selbst. Eine weitere Überlegung gewinnt für Feng Shui sogar den Respekt und die Zuneigung vieler gebildeter und gelehrter Menschen. Dies ist die fundamentale Verbindung, in der Feng Shui sich brüstet, mit dem Schema der Diagramme wie in dem Yih-King festgelegt, verbunden zu sein, und der Tatsache, dass das gesamte System des Feng Shui in vollkommenem Einklang mit den Phantastereien der Taoisten und Buddhisten auf der einen und Choo-hes moderner Philosophie auf der anderen Seite steht. Feng Shui ist tatsächlich die verfeinerte Quintessenz des taoistischen Mystizismus, des buddhistischen Fatalismus und Choo-hes Materialismus, und als solche verfügt es, wenn vielleicht auch nicht über die ausdrückliche Zustimmung, sicherlich über die geheime Sympathie jedes Chinesen, ob hohen oder niederen Standes.

Natürlich werden hochgebildete und besonders intelligente Konfuzianer nicht zugeben, dass sie an die unfertigen, apokalyptischen Sprüche eines gewöhnlichen Geomanten glauben, aber innerhalb ihrer eigenen Wände werden diese selben intellektuellen Chinesen schließlich doch jede Einzelheit der häuslichen Geschehnisse in strenger Übereinstimmung mit den anerkanntesten Grundlagen des Feng Shui regeln. Und natürlich wird die chinesische Regierung die Allgemeingültigkeit und die Orthodoxie des Feng Shui nicht bestätigen, aber trotzdem veröffentlicht sie Jahr für Jahr mit ausdrücklicher kaiserlicher Absegnung einen Almanach, der all die Tabellen und Daten, die Referenzen und Diagramme beinhaltet, die ein Geomant als sein tägliches Vademekum benötigt.

Feng Shui besitzt legalen Status in China. Wenn es irgendwo in China zwischen Menschen Streit aufgrund angeblicher

Einmischungen in oder Störungen der Feng Shui Aspekte einer Grabstätte oder eines Hauses gibt, werden sich die Rechtstribunale Chinas der Sache annehmen, die Behauptungen untersuchen und den Fall unter der Annahme entscheiden, Feng Shui sei eine Realität und eine Wahrheit und nicht eine Fiktion. Feng Shui genießt sogar politischen Status in China. Wenn ein Aufstand in einer der achtzehn Provinzen ausbricht, ist unweigerlich der erste Schritt der Regierung, nicht ein Truppenkontingent zu mobilisieren, sondern Boten zu entsenden, die den Auftrag haben, die Ahnengräber der Anführer der Aufständischen ausfindig zu machen, die Gräber zu öffnen, ihre Inhalte zu verstreuen und die Gräber in jeder möglichen Weise zu schänden. Denn dies soll der sicherste Weg sein, den Rebellen Schaden zuzufügen und ihre Erfolgschancen zu beeinträchtigen. Ferner, wenn Land entlang der chinesischen Küste an die verhassten Fremden abgetreten werden musste, als so genannte Konzession an das Ausland, würde die chinesische Regierung ausnahmslos eine Stelle aussuchen, die von den besten Experten des Feng Shui bereits verdammt worden war, weil dort ein tödlicher Atem herrschte, kombiniert mit all jenen Indikationen des Kompasses, die schlimme Kalamitäten für alle anzeigen, die sich dort niederlassen, sowie für ihre Kinder und Kindeskinder. Wenn der Standort nicht aufgrund eines Vertrages abgetreten werden musste, würde er dem nichts ahnenden Fremden als der einzige für den Verkauf infrage kommende angeboten, und in jedem Fall würde der ignorant-skeptische Barbar zum vermeintlichen Hanswurst und zum Objekt des Spottes des wackeren Chinesen werden.

Man betrachte zum Beispiel die Ansichten, die von intelligenten Chinesen in Bezug auf die Insel Scha-mien, sozusagen die ausländische Abtretung von Kanton, vertreten werden. Sie war ursprünglich eine Schlammbank im Kanton-Fluss in der absolut schlimmsten Lage, die man im Feng Shui kennt. Auf die zwingenden Forderungen der fremden Mächte hin wurde die Insel an sie abgetreten, als der angeblich beste Wohnort für Fremde, und als man merkte, dass der einmal so blühende Kanton-Handel dort nicht aufleben und gedeihen wollte, trotz aller Bemühungen seiner Betreiber, als entdeckt wurde, dass jedes Haus, das auf Scha-mien errichtet wurde, alsbald von weißen Ameisen überrannt war, die verwegen Kohlenteer, Karbolsäure und allen anderen fremden Mitteln trotzten, als bemerkt wurde, dass der englische Konsul, obwohl er dort eine besonders für ihn errichtete Residenz unterhielt, lieber zwei Meilen weiter im schützenden Schatten der Pagode wohnte, da war es ein klarer Triumph des Feng Shui und der chinesischen Staatskunst.

Jedoch so mächtig wie Feng Shui ist, es ist keineswegs eine unüberwindbare Barriere für die Einführung fremder Zivilisation in China, denn es besitzt eine außerordentliche Menge an Flexibilität. Es kann durch kunstvolle Manipulation gedreht und gewendet werden, um fast jeder Kombination von Umständen angepasst zu sein. Die katastrophalsten Landschaftskonturen, die potentiell übelsten Ansammlungen von tödlichem Atem oder bedrohlichen Sternkonstellationen können mit Geschick und rückhaltlosem Einsatz korrigiert werden, sodass alle bösen Einflüsse entweder abgewendet oder zu Instrumenten des Segens umgewandelt werden. Geld wird daher viel bewirken können, um Hindernisse zu entfernen oder Zusammenstöße mit Feng Shui zu vermeiden. Aber es ist eine gefährliche Waffe und wird, wenn es einmal eingesetzt wurde, eine endlose Kette von Ansprüchen hervorrufen, um Feng Shui-Schäden auszugleichen.

Als den einzigen Faktor mit genügend Kraft, die fast universelle Herrschaft des Feng Shui in China zu stürzen, stelle ich mir die Verbreitung gesunder Aspekte der Naturwissenschaft vor, die Verbreitung von nützlichem Wissen in China. Es gibt eine Wahrheit in Feng Shui, auf der dieses chinesische System der Naturwissenschaft sowie unsere westlichen Ansichten basieren. Es ist die Erkenntnis der Uniformität und der Universalität der Wirkung der Naturgesetze. Feng Shui enthält einen großen Makel, welchen unsere westlichen Physiker glücklicherweise schon längst ausgemerzt haben. Dies ist die Vernachlässigung einer experimentellen und gleichzeitig kritischen Beobachtung der Natur in all ihren Einzelheiten. Soll diese Lücke aufgefüllt werden durch vollständige und allgemein verbreitete Klarstellung der oben erwähnten Uniformitäten und Universalitäten der Naturgesetze, sollen korrekte Betrachtungen verbreitet werden über diese fortwährenden Wechselwirkungen der Kräfte der Natur, Hitze, Elektrizität, Magnetismus, chemische Eigenschaften und Bewegung, sollen diese Betrachtungen in energischer und ansprechender Weise herausgestellt werden, wie sie Choo-he anwandte, und der Ausgang der Sache wird nicht angezweifelt werden können. Die Feuer der Wissenschaft werden den gesamten geomantischen Unrat wegbrennen, aber nur, damit die Wahrheit hervorleuchten möge in ihrer goldenen Herrlichkeit.

Ich begann mit der Frage: Was ist Feng Shui? Ich kann korrekterweise schließen, indem ich diese Frage erneut stelle: Was ist Feng Shui? Meine Leser werden meiner Bemerkung sicherlich zustimmen, dass Feng Shui die närrische Tochter einer weisen Mutter ist. Es fängt an mit einigen Vorstellungen über Astronomie, oder besser gesagt Astrologie, unklar und verschwommen, aber ausreichend respektabel, wenn man bedenkt, dass sie die Chinesen vor über zweitausend Jahren für sich annahmen. Es basiert auf einem materialistischen Schema der Philosophie, die die Natur zwar auf eine fromme und ehrfürchtige Weise studiert hatte, die jedoch gleichzeitig oberflächlich und überaus abergläubisch war, die sich aber vornahm, im Vertrauen auf die Kraft einiger logischer Formeln und mystischer Diagramme, sämtliche Probleme der Natur zu lösen und alles oben im Himmel und unten auf der Erde durch einige mathematische Kategorien zu erklären. Das Ergebnis ist natürlich ein Mischmasch aus Unsinn und kindischen Absurditäten.

Das gesamte System des Feng Shui mag einen Scheffel Weisheit enthalten, aber es enthält kaum eine Hand voll gesunden Menschenverstand. Was also ist Feng Shui? Es ist ganz einfach das blinde Tasten des chinesischen Intellekts nach einem System der Naturwissenschaft, ein Tasten, das, ungeschult in praktischem Beobachten der Natur und fast ausschließlich vertrauend auf die Wahrheit angeblicher uralter Traditionen und die Macht des abstrakten Denkens, den chinesischen Intellekt natürlich völlig im Dunkeln beließ. Das System des Feng Shui ist somit, da es auf menschlicher Spekulation und Aberglauben basiert und nicht auf dem gewissenhaften Studium der Natur, für Verfall und Auflösung bestimmt.

Treppe zum heiligen Tempelhügel. Provinz Shensi.

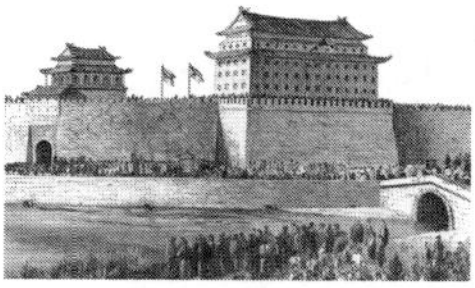

Walter Exner

Als Peking noch ummauert war

Erlebtes und Gehörtes

Knapp vor Beginn des Zweiten Weltkrieges erlebte Walter Exner Peking, das trotz der Ausrufung der Republik 1911 noch vom Abglanz des untergegangenen Kaiserreiches geprägt war. Mit der damals noch unversehrten, beeindruckenden Stadtmauer, die des vermeintlichen Fortschritts wegen von den Kommunisten abgerissen wurde, ging auch jenes Peking unter, von dem der Verfasser eindrucksvoll und liebenswürdig unterhaltend berichtet.

116 Seiten, ISBN 3-87747-015-7 Siebenberg-Verlag

Eleanor von Erdberg

Zur Kunst Ostasiens

Eine Zusammenstellung von 28 Aufsätzen und Vorträgen Prof. Eleanor von Erdbergs aus drei Jahrzehnten. Schwerpunkte sind zum Beispiel Stilfragen in der chinesischen Archäologie und der Malerei wie auch im japanischen Wohnbau. Ein weiteres Gebiet gehört den Tieren in der chinesischen Kunst: Tiger, Löwen, Pferde, Elefanten. Jedes Thema wird im Lichte einer speziellen wissenschaftlichen Fragestellung behandelt. Das Buch, illustriert mit 120 Abbildungen, bietet jedem interessierten Leser einen verständlichen Einblick in die Vielfalt der ostasiatischen Kunst.

364 Seiten, 120 Abb., ISBN 3-87747-064-5
Siebenberg-Verlag

Walter Exner

Kirschblüten und Ahornlaub

Die Hundert Gedichte aus dem alten Japan

Die im Jahre 1235 entstandene Sammlung *Hyakunin isshu – Hundert Gedichte* – ist die bedeutendste Gedichtsammlung Japans vom 7. bis 13. Jahrhundert. Die Gedichte preisen Liebe und Frieden, aber auch der Wehmut wird Ausdruck verliehen. Es sind die Dinge, die für alle Zeiten ihren unveränderlichen festen Platz im menschlichen Gemüt einnehmen und keiner Wandlung unterworfen sind. Das eben macht den Reiz jener Dichtung aus, die zu dem Besten zählt, was in japanischer Sprache verfasst worden ist und ihren Rang bis heute ungeschmälert behalten hat. Sie erscheinen hier in einfühlsamer und silbengetreuer Übertragung von Walter Exner, bebildert mit Katagami, Papierschnitten, die sich zum Ende des 19. Jahrunderts aus den japanischen Färberschablonen zu einer eigenen Kunstform entwickelt haben.

» ... besonders für Tanka-Freunde ist dieses Buch sicherlich ein Kleinod« (M. Burschaper, Deutsche Haiku-Gesellschaft).

156 Seiten mit 16 Abbildungen. Leinengebunden mit Schutzumschlag

ISBN 3-87747-011-4

Siebenberg-Verlag

Wilfried Rappenecker

Fünf Elemente und zwölf Meridiane

Ein Handbuch für Shiatsu, Akupunktur und Körperarbeit

Die Lehre der Fünf Wandlungsphasen ist zumeist Bestandteil von Shiatsu-, Akupunktur- und anderen Körpertherapie-Ausbildungen, denn sie bietet in einzigartiger Weise Zugang zu einem ganzheitlichen Verständnis der Lebenssituation eines Klienten und zeigt Wege zur Behandlung auf.
Dieses Buch weist sehr ausführlich in die Theorie der Fünf Elemente ein, wobei die Manifestationen der Elemente im Körper und in der Psyche des Menschen einen besonderen Schwerpunkt bilden.

Wilfried Rappenecker, Autor des ebenfalls im Felicitas Hübner Verlag erschienenen Standardwerkes für die Shiatsu-Ausbildung *Yu Sen – Sprudelnder Quell* ist Arzt für Allgemeinmedizin. Als Leiter der *Schule für Shiatsu Hamburg* und Mitbegründer der *Gesellschaft für Shiatsu in Deutschland (GSD)* gilt er als einer der profiliertesten Vertreter professioneller Shiatsu-Therapie.

160 Seiten, 40 Abbildungen, ISBN 3-927359-09-2

Felicitas Hübner Verlag

Shizuto Masunaga

Meridian Dehnübungen

Masunaga, der Begründer des weltweit verbreiteten Zen Shiatsu, entwickelte die Meridian Dehnübungen anlehnend an traditionelle östliche Methoden und schuf so ein vollständiges Übungssystem zur Selbsthilfe, aber auch für alle Therapeuten, die mit Körperenergien arbeiten (z.B. Shiatsu und Akupunktur), mit Körperpsychotherapie oder Krankengymnastik, sowie für Sportler und Sporttherapeuten. Im Gegensatz zu westlichen Übungssystemen geht es nicht darum, Bewegungsabläufe nur nachzuahmen oder in bestimmten Körperteilen zu kontrollieren, sondern den Körper als Einheit so zu bewegen, wie er es möchte. Damit werden Bewegung, Atmung und Imagination in Einklang gebracht.
Die Übungen werden zwar einzelnen Meridian-Energien zugeordnet, sie wirken aber immer auf den gesamten Menschen und sind eine Wohltat für Körper und Geist, denn sie fördern Entspannung, Beweglichkeit und Vitalität, stärken Ausdauer und Gesundheit. Spezielle Serien von Dehnübungen können wirksam in die Dynamik unterschiedlicher Beschwerden eingreifen und sie lindern. Masunaga gibt hierzu eine Fülle von Hinweisen.

224 Seiten, 250 Abbildungen